Foreign Studies on Marxism and Socialism Series
国外马克思主义和社会主义研究丛书
顾问 徐崇温　主编 李慎明

重构自由贸易
国际劳动分工与经济学方法

〔美〕罗伯托·曼格贝拉·昂格尔 著　邱知奕 译

重庆出版集团 重庆出版社

图书在版编目(CIP)数据

重构自由贸易:国际劳动分工与经济学方法/(美)罗伯托·曼格贝拉·昂格尔著;邱知奕译. —重庆:重庆出版社, 2020.10
(国外马克思主义和社会主义研究丛书)
ISBN 978-7-229-15189-8

Ⅰ.①重… Ⅱ.①罗… ②邱… Ⅲ.①自由贸易学说 Ⅳ.①F741.2

中国版本图书馆CIP数据核字(2020)第134245号

Free Trade Reimagined by Roberto Managaberra Unger
Text Copyright © 2007 by Roberto Managaberra Unger
Simplified Chinese edition © 2020 by Chongqing Publishing & Media Co., Ltd.
Published by arrangement with Princeton Unversity Press
ALL RIGHTS RESERVED.

版贸核渝字2016年第262号

重构自由贸易:国际劳动分工与经济学方法
CHONGGOU ZIYOU MAOYI:GUOJI LAODONG FENGONG YU JINGJI XUE FANGFA
〔美〕罗伯托·曼格贝拉·昂格尔 著
邱知奕 译

责任编辑:康聪斌
责任校对:李小君
装帧设计:刘沂鑫 刘 颖

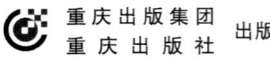
重庆出版集团
重庆出版社 出版
重庆市南岸区南滨路162号1幢 邮编:400061 http://www.cqph.com
重庆出版社艺术设计有限公司制版
重庆天旭印务有限责任公司印刷
重庆出版集团图书发行有限公司发行
E-MAIL:fxchu@cqph.com 邮购电话:023-61520646
全国新华书店经销

开本:787mm×1092mm 1/16 印张:13.75 字数:176千
2020年10月第1版 2020年10月第1次印刷
ISBN 978-7-229-15189-8
定价:.48.00元

如有印装质量问题,请向本集团图书发行有限公司调换:023-61520678

版权所有　侵权必究

"国外马克思主义和社会主义研究丛书"
编委会名单

编委会顾问： 徐崇温

编委会主任： 李慎明

编委会副主任： 邵文辉　张拥军　陈兴芜

编委（按拼音字母顺序排列）：

陈学明　陈众议　程恩富　邓纯东　段忠桥　郝立新
侯惠勤　胡振良　黄　平　姜　辉　梁树发　刘同舫
鲁品越　王凤才　韦建桦　徐俊忠　颜鹏飞　张　宇
张树华　张顺洪　张一兵　周　弘

| 丛书总序 |

在学习借鉴中发展 21 世纪马克思主义和当代中国马克思主义

李慎明[*]

习近平总书记在哲学社会科学工作座谈会上的重要讲话中明确指出:"我国哲学社会科学的一项重要任务就是继续推进马克思主义中国化、时代化、大众化,继续发展 21 世纪马克思主义、当代中国马克思主义。"[①]这一要求,对于我们在新的历史起点上坚持和发展马克思主义,具有重大的现实意义和深远的历史意义。

为深入贯彻落实习近平总书记重要讲话精神,在中宣部理论局指导下,中国社会科学院世界社会主义研究中心会同重庆出版集团选编了这套"国外马克思主义和社会主义研究丛书"。经过众多专家学者和相关人员的辛勤努力,终于开始奉献在广大读者的面前。

进一步加强国外马克思主义研究,是坚持以马克思主义为指导、坚持和发展中国特色社会主义的需要。2013 年 1 月 5 日,习近平总书记在新进中央委员会的委员、候补委员学习贯彻党的十八大精神研讨班开班式上的重要讲话中明确指出:"中国特色社会主义是社会主

---

[*]李慎明,十二届全国人大常委、内务司法委员会副主任委员,中国社会科学院原副院长,中国社会科学院世界社会主义研究中心主任、研究员。

[①]《人民日报》,2016 年 5 月 18 日。

而不是其他什么主义,科学社会主义基本原则不能丢,丢了就不是社会主义。"①在哲学社会科学工作座谈会上的重要讲话中,他又强调指出:"坚持以马克思主义为指导,是当代中国哲学社会科学区别于其他哲学社会科学的根本标志,必须旗帜鲜明加以坚持。"②2008年国际金融危机对西方国家的影响和冲击至今仍未见底,这是生产社会化直至生产全球化与生产资料私人占有这一根本矛盾的总爆发,本质上是资本主义经济、制度和价值观的危机。经济全球化、新的高科技革命和世界多极化都在深入发展,各种政治理论思潮此起彼伏。马克思主义的"幽灵"重新徘徊在发达的资本主义社会上空。全球范围内的马克思主义和左翼思潮也开始复兴。中国特色社会主义已巍然屹立于当今世界之林。在强大的事实面前,即便是一些西方学者,也不得不承认马克思主义的强大生命力和对西方社会的重要影响力。西方国家的一些马克思主义研究者或信仰者说得更为深刻。日本著名作家内田树呼吁道:"读马克思吧!""读过马克思之后,你会感觉到你自己思考的框子(或者说牢笼也可以)从外面被摇晃着,牢笼的墙壁上开始出现裂痕,铁栅栏也开始松动,于是你自己就会领悟到原来自己的思想是被关在一个牢笼当中啊。"③这些都充分说明,马克思主义的基本原理和科学社会主义的基本原则绝没有过时。对这些基本原理和基本原则,我们在任何时候和任何情况下都必须毫不动摇地坚持。正因如此,习近平总书记多次强调我们党要坚持以马克思主义为指导,哲学社会科学研究工作要以马克思主义为指导,强调全党特别是党的中高级干部要认真学习马克思主义的经典著作,强调哲学社会科学工作者

---

① 《十八大以来重要文献选编(上)》,中央文献出版社,2014年9月第1版,第109页。
② 《人民日报》,2016年5月18日。
③ 〔日〕内田树、石川康宏:《青年们,读马克思吧!》,于永妍、王伟译,红旗出版社,2013年10月第1版,第26页。

要认真学习马克思主义的经典著作。进一步加强国外马克思主义研究,积极借鉴国外有益经验和思想成果,无疑有助于我们在新的形势下更好地理解马克思主义的基本原理和科学社会主义的基本原则,以更好地坚持以马克思主义为指导,推进中国特色社会主义事业健康发展。

进一步加强国外马克思主义研究,是发展21世纪马克思主义、当代中国马克思主义的需要。中国是个大国。不仅是世界上最大的发展中国家,而且是世界上最大的社会主义国家;经济规模是世界第二;人口是世界人口的1/5。而且,中国有着马克思主义中国化的丰硕成果以及5000多年的优秀文化传统。新中国成立至今,特别是冷战结束至今,无论是国际还是国内实践,都为我们坚持和发展马克思主义提供了正反两方面的十分丰厚的沃壤。当今世界正在发生十分重大而深刻的变化,当代中国正在进行着人类历史上最为宏大而独特的实践创新,也面临着许多可以预料和难以预料的新情况新问题。习近平总书记指出:"这种前无古人的伟大实践,必将给理论创造、学术繁荣提供强大动力和广阔空间。这是一个需要理论而且一定能够产生理论的时代,这是一个需要思想而且一定能够产生思想的时代。我们不能辜负了这个时代。"[1]我们在坚持马克思主义基本原理的同时,决不能固守已有的现成结论和观点,必须结合当今的世情、国情、党情和民情,以与时俱进、奋发有为的姿态,解放思想、实事求是,坚持真理、修正错误,创新和发展21世纪的马克思主义和当代中国的马克思主义。

进一步加强国外马克思主义研究,是更加积极借鉴国外马克思主义研究有益成果的需要。改革开放以来,我国马克思主义研究步入了新的发展阶段。译介、研究和借鉴国外的马克思主义研究著作,成为马克思主义研究一个不可或缺的组成部分。20世纪70年代末,我国

---

[1]《人民日报》,2016年5月18日。

的国外马克思主义研究进入一个新的阶段,西方各种思潮包括"西方马克思主义"也一并进入中国,引起了学术界的关注。随着东欧剧变和苏联解体,20世纪90年代初期我国对国外马克思主义的研究曾一度收缩。随着改革开放的深入,90年代后期又开始逐步扩大,到21世纪头10年又进入了新的高速发展时期。作为深入实施马克思主义理论研究和建设工程的重要内容,2005年12月,我国设立了马克思主义理论一级学科,国外马克思主义研究成为其中一个重要的二级学科。应该说,经过近40年的发展,我国国外马克思主义研究取得了长足的进步,结出了丰硕的成果,为增强马克思主义的影响力和说服力注入了新的内容,同时也为增强人们对中国特色社会主义的道路自信、理论自信、制度自信、文化自信,提供了有价值的理论资源。但同时也要清醒地看到,我国国外马克思主义研究所取得的成果,与它理应承担的使命、任务相比还存在不小差距。虽然国外马克思主义研究的前沿流派和代表人物不断被引介过来,一些比较新奇的观点也令人有眼花缭乱之感,但总体上看,国外马克思主义研究并不尽如人意,一些问题也越来越突出。比如,在表面的繁荣之下,有的被研究对象牵着鼻子走,失去了曾经清晰的目标;有的陷入至今仍未摆脱的迷茫和瓶颈期。又比如,在国外马克思主义研究过程中,有的缺乏辩证思维,把"西方马克思主义"奉为圭臬,认为它富有"新思维",是马克思主义的新发展;有的甚至把列宁、斯大林时期的马克思主义和中国的马克思主义看作是"走形变样"的政治话语,是"停滞、僵化的马克思主义"。国内外也有一些人企图用黑格尔来否定马克思,用马克思来否定列宁,用否定列宁来否定中国的革命、建设和改革开放,进而企图把中国的社会主义现代化建设和改革开放引入歧途。

虽然造成上述状况的原因是多方面的,但翻译性学术著作和资料的数量有待进一步拓展、质量有待进一步提升,也是其中的重要原因。总的看,目前国外马克思主义研究著作虽已有许多被译成中文出版,但整体上并不系统,而且质量参差不齐。

从借鉴国外马克思主义研究有益成果,发展21世纪马克思主义、当代中国马克思主义这一宗旨出发,在新的条件下继续翻译出版"国外马克思主义和社会主义研究丛书",必将有助于我国学界更加深入、系统地研究国外马克思主义。这套丛书的出版,可以说是对国外马克思主义研究成果的一次重新整理,必将有利于我们进一步深化国外马克思主义研究,在借鉴国外马克思主义研究的有益资源过程中,为繁荣发展21世纪马克思主义、当代中国马克思主义作出新的贡献。

经过比较严格的遴选程序进入这套丛书的著作,主要聚焦和立足马克思主义理论研究,既注重立场性、代表性、权威性和学术性的统一,又兼顾时代感和现实感。同时,我们还邀请国内相关领域的知名专家分别为每本著作撰写简评并放在各本著作的前面,对该书的核心思想和主要内容作了简要介绍和评析,以尽可能帮助读者了解这些作品的理论价值、现实意义和历史局限。

这里特别需要指出的是,由于我们的能力、水平有限,这篇总序和每一本书的简评,或许还存在这样那样的不足,敬请各位读者不吝指教。不妥之处,我们将及时修正。

我们希望,这套丛书既能够在理论界、学术界,同时又能够在广大党员干部中产生一定影响,以期不断加深人们对马克思主义和社会主义的理解、把握和认同。

是为序。

2016年12月1日

译者序

本书作者为哈佛法学院终身教授罗伯托·曼格贝拉·昂格尔（Roberto Mangabeira Unger，1947年3月24日—），其在哲学、法学和经济学等方面多有建树。昂格尔认为，个人或社会行为之下没有潜藏着任何自然的社会、政治或者经济秩序。对于昂格尔而言，财产权、自由民主、雇佣劳动等都是历史的产物，与自由而丰富的人类行动没有任何必然联系。因此，市场、国家，以及人类的社会组织不应有既定的制度安排，而应随着人类能力的发展而时刻进行实验和改进。昂格尔的许多著作都在试图重新思考能够将人性从社会等级的限制及经济奴役的退化中解放出来的政治和社会秩序。

就本书而言，昂格尔认为其最具理论价值的论点是——"如果赋予自由贸易的参与者拥有最大限度的自由，允许其对生产实施过程及制度体系进行调整，那么，自由贸易对于参与其中的所有主体（无论是否作为主权国家）都是有利的"。此中所谓"自由"，既包括生产要素流动的自由，也包括设置贸易壁垒的自由。前者相对容易理解，生产要素的自由流动正是传统理念中"自由贸易"的精髓。虽然"人类社会的政治分割"（即经济体的边界）在不同程度上限制了物质和人力资本的流动，但呼吁生产要素自由流动是长期以来的主流声音，甚而成为一种政治正确。相反，设置贸易壁垒的自由，则是"反自由贸易"的，甚而是"不自由"。此时，作者提示我们，"对自由贸易最大化的一味坚持，忽略了一个关键且愈发重要的前提：每个国家，无论贫富，都需要突破持续性的限制，从而达到全球劳动分工中的某个位置并实现某种生产方式"。作者跳脱了"自由贸易"的框架，提出真正的自由贸易，不仅有开展贸易的自由，还有退出贸易的自由。因为，"自由贸易只是一个手段，而不是目的"。

首先，作者指出了当前自由贸易学说的基础——李嘉图的比较优势理论具有不完备性。具体而言，作者指出比较优势可能是"构建的"而非"给定的"，即来源于自然禀赋以外的人为因素，而这些因素几乎不可能独立于贸易中的其他国家而存在。作者进而指出，"在特定的贸易伙伴之间，如何组织专业化生产的问题不具备市场出清的唯一解"。换言之，自由贸易不存在唯一的制度安排。

作为比较优势理论的替代，作者提出了"相对优势"（relative advantage）——"国家间的发展水平及生产率存在差异，但差异并没有大到令相对落后的国家无法再次进入由相对先进国家进行专业化生产的商业领域"。当然，"相对优势"的量化测度并不容易。作者指出，当两个经济体在发展水平上存在距离，"如果没有一个当即可行且被充分理解的方案来缩小距离，那么，这个距离就不是显著距离"，而"相对优势"就定义在这种不显著的距离上。

长期以来，我们相信市场对资源的配置是有效的，因为市场在长期内会实现均衡。新古典的分析范式对均衡实现的过程并没有太多讨论，而这一过程的复杂性正是市场可能失灵的所在。例如，我们对自由贸易的推崇，在很大程度上，基于"竞争促进增长"这一认识。然而，本书作者通过讨论"相对优势"情形下的贸易双方发展策略问题，推翻了上述认识。在作者的演绎中，落后的一方在竞争中倚仗廉价劳动力这一资源，甚而在一段时间内形成对廉价劳动力的路径依赖，从而陷于简单重复的生产活动而缺乏时间和精力投入劳动力集约型技术的开放和应用。而相对先进的一方则在竞争的压力下加速了机器对劳动力的替代，从而导致部分劳动者（通常来自同一阶层）面临失业的危险，而经济增长将在相当长的一段时期内建立在这种不断加剧的社会不平等上。一旦蒙受损失的阶层做出反抗，则经济增长将被社会斗争打断。最终，作者得出了结论：贸易中的竞争抑制了"相对优势"情形下贸易双方长期增长。

据此，本书作者认为，在相对优势中，选择性贸易保护是有益的缓冲区。至此，作者将论述从传统自由贸易的非必然性转入贸易壁垒的合理性。而贸易壁垒的设置则涉及具体的政策问题，不再是单纯的经济学问题。正如作者所言，"在相对优势的情形下，贸易壁垒的必要性和危险性也取决于国家的组织架构以及政策制定和实施的形式，取决于政治组织形式与政策制定方式能够在多大程度上规避其伴生的厚此薄彼与教条主义之恶"。

有趣的是，作者在本书第二章旁征博引，从经济思想史谈到物理思想史，并对现代主流经济学的方法论进行了反思。事实上，"边际革命"之后的百余年间，经济学领域仍在较长的一段时期内呈现百家争鸣的态势，新古典学派只是其中一家。但近三十余年来，新古典的分析范式几乎一家独大。就译者本人而言，在十余年的经济学训练中，仍然遵循比较静态和一般均衡的分析框架。于是，我们熟悉的经济学分析呈现为数理模型包装下的逻辑分析。随着规范分析日渐式微，经济学的实证分析日益呈现出自然科学的外表。但是，经济学在根本上仍是一门社会科学。作者以牛顿和李嘉图为例，一语道破了两者在分析中的本质区别——"牛顿所描绘的自然规律，外向地观察了真实世界的时间和因果，其提出的观点并非在一套设定的前提下进行的逻辑推理。李嘉图的思维实验是内向的，用单纯的逻辑推理得到了少量限定事实的出人意料的结果"。从数理的角度看，逻辑"三段论"的成立即可视为演绎分析"自圆其说"。但从社会科学的应用性看，"三段论"的"大前提"必须要能够准确描述现实情形，而这一点恰是当前经济学领域部分研究脱离现实的症结所在。

十余年前，译者借由《经济学原理》初次接触这一学科，犹记得格里高利·曼昆（Gregory Mankiw）在书中指出的经济学者双重角色——解释现象的科学家（scientist）和预测趋势的政策顾问（policy advisor）。然而，在此后多年的经济学训练和实践中，包括译者在内的许多经济学者，发现理论"落地"绝非易事，生搬硬套无处不在。关于经济学的抽象概念与其在现实世界中的具体政策映射，昂格尔的经济学观念也许可以打开我们的思路。市场经济"不存在唯一的自然形式"，也"无法决定其自身的制度和意识形态"。经济学学科必须把转变自然与转变社会联合起来——事物的创造与人类组织的重造必须联合在一起。

昂格尔一直是理论和实践的替代方案的积极寻求者，其包括本书在内的十余本著作的主题几乎都是追求对马克思主义的彻底替代。对于昂格尔在社会科学理论中的创新，我们仍应采取批判继承的态度加以吸收。关于其主张能否成为马克思主义的替代，译者认为仍有待商榷。此外，本书中关于中国增长模式的分析，对我国的政治制度存在一定程度的曲解，译者并不认同。

邱知奕

2020 年 7 月

本书关于国际劳动分工以及经济学方法的论点自成一派。不过，读者应该明白，本书的论点服务于一个更宏大的学术框架。该框架反对当前人文社会科学中的流行趋势，试图为当今社会找寻不一样的制度安排和前提假定，试图为过去几个世纪里风靡全球解放人类的革命性思想赋予新的意义，相信思想的力量将战胜宿命。

　　在《错误的必然性》（*False Necessity*）（Verso，2001年）、《社会理论：境况与任务》（*Social Theory: Its Situation and Its Task*）（Verso，2004年）以及《权力的可塑性》（*Plasticity into Power*）（Verso，2004年）中，上述框架形成了社会理论。而在《法学分析去向何方？》（*What Should Legal Analysis Become?*）（Verso，1996年）中，该框架则融合了政治经济学，借助最有前景的方法重构社会生活的组织形式。在《已实现的民主：进步性的可替代选择》（*Democracy Realized: The Progressive Alternative*）（Verso，1998年）以及《左翼应该主张什么？》（*What Should the Left Propose?*）（Verso，2005年）中，上述框架成为了制度性提议。在《激情》（*Passion*）（自由出版社，1984年）和《觉醒的自我：自由的实用主义》（*The Self Awakened: Pragmatism Unbound*）（哈佛大学出版社，2007年）中，该框架则被深化和推广为一个哲学概念。[1]

---

[1] 关于该学术框架的更多内容，敬请参阅 www.robertounder.net。

本书的主旨与讨论范畴

　　自由贸易的理念，既有理论价值，也有实践意义。它直指经济理论的核心，也是当代世界经济讨论的重要议题。自由贸易不仅仅是一个口号；它已经成为了一种承诺，但也是一种威胁；它几乎是一条自证的真理，但也是诸多迷思的源头；它是艰深的社会科学内最为艰深和自豪的领域，但也是对其结论持反对意见的人们最为棘手的课题。

　　如果每个国家从事专业化的生产，那么全世界都将因此获益。这一说法看似简单，却蕴含了巨大的能量，向我们预示了更多的财富和自由。

　　作为理论研究学科，自由贸易通往理论经济学最为核心的圣殿。长期以来，经济学中最反直觉也最具特点的概念是，基于确定的或构建的比较优势，自由贸易可以确保收益。这一概念涵盖了经济学分析中最为普遍的主题：在市场分割和劳动分工的情况下，专业化生产者之间基于互惠原则进行交换，这种形式相当于非敌非友的两个陌生人纯粹为了冷冰冰的利益微分而建立的合作关系。深究自由贸易的诉求，其根源在于如下的信念：自由贸易不是一种手段，恰恰相反，如阿尔弗雷德·马歇尔（Alfred Marshall）所言，"此中并无任何手段"。

　　作为具有实践意义的议题，自由贸易是当代关于全球化争议的焦点；作为全球化制度体系的核心，新兴世界的贸易体系将自由贸易奉为圭臬，坚信自由贸易是经济学分析在现实中最为简洁和机敏的表述。如果我们能够重新界定和构建自由贸易，那么，我们同样可以将其推广到全球化的理念中。如果用我们的话语体系定义全球化，摆脱当前全球化概念所代表的看似所向披靡的力量，那么，一切都将不同：我们将比预想的更为自由地进行反思和重构。

　　正如人们认识到的，自由贸易学说存在根本性的缺陷。在分析中引入一系列本地化限制条件或政策并不能弥补这些缺陷。我们的解决方案并不是采用一套支持保护主义的理论，相反地，对于自由贸易和保护主义长期以来的部分争论点，我们需要修正甚至抛弃。而这些修正则需要经济学方法。

　　本书最具理论价值的论点是：如果赋予自由贸易的参与者最大限度的自由，允许其对生产实施过程及制度体系进行调整，那么，自由贸易对于参与其中的所有主体（无论是否作为主权国家）都是有利的。然而，这种调整的自由度，可能与自由贸易的传统理解和要求是矛盾的。

　　上述论点与理论概念体系紧密相关，其最大的实践意义在于，我们并不打算构建以最大化自由贸易为目标的世界贸易体系，至少不是我们之前所习惯的那种自由贸易的定义。对自由贸易最大化的一味坚持，忽略了一个关键且愈发重要的前提：每个国家，无论贫富，都需要突破持续性的限制，从而达到全球劳动分工中的某个位置并实现某种生产方式，还需要避免一些发展策略，也需要避免一套可能产生限制性影响的机制体系。

　　如果本书的直接主题就是争辩自由贸易与开放的全球经济形式，那么，其最终话题将落到世界劳动分工以及经济学方法。我们无法完全跳出关于自由贸易与保护主义的传统争论范畴。在不改变我们关于市场经济和劳动分工最根本假设的前提下，我们也客观考虑了全球化的可能性。未来的经济增长源自持续创新，而非对社会剩余的强制攫取；实验性的自由必将突破一切不必要的制度约束和教条禁锢，从而实现人力、智力和物力的充分融合；最优的市场经济将在最大程度上赋予最大多数人最大的机会；自由经济的体系一定建立在自由劳动的基础上；只有当国家不再被特权阶层和金融大鳄操纵时，动用政府力量追求更大的机会，才有可能形成优势——这一切都是当今热衷宣扬的陈词滥调，但这些论调却服务于独裁统治，而世界也正无可选择地屈从于独裁。

然而，这些冗长乏味的言论，原本应出自革命者之口。对这些言论的反思，促使我们修正那些最重要的关乎市场经济、劳动分工、国民经济，乃至整个世界的概念。如果上述言论成真，那么，市场经济和劳动分工所处的整个制度体系将被彻底变革。

这是一个学术问题，而当前的经济学方法并不足以解决这个问题。谨慎的策略似乎很有吸引力，似乎应该相信摒除滥用而保持分析纯粹性的经济学将为我们提供助益，而非设置障碍。然而，在本书中，我们反对这样的论调，因为稳重不能掩饰错误。19世纪末期，由瓦尔拉斯（Walras）、杰文斯（Jevons）和芒格（Menger）发起的经济学分析范式革新，后来被称为"边际革命"，引导了后来的主流经济学理论，并在一般均衡理论中登峰造极。但这样的分析范式，非但不足以解决我们的问题，甚至在某些决定性的方面与我们的问题不相容。

如果经济学继续在纯粹分析和胡乱应用之间摇摆，回避一切争议性的解释性和规范性概念，毫无道理地将抽象概念体系（如市场经济）与一些偶发的经济安排画上等号，那么，经济学将无法打开局面，将始终原地踏步。一直以来，有各种各样的经济学分析范式，从古老的制度经济学，到新兴的行为经济学，都分别提出了不同的方法和方向。然而，这些理论尚未能解决本书核心问题，或许也不会发展到这样的程度。它们标志性的缺陷在于无法充分想象经济生活的可能形式，从而限制了这些理论洞察经济生活的真实形式①。基于上述原因，我们关于自由贸易和保护主义的传统争论点的修正，以及对世界劳动分工本质和前景的反思，都涉及经济学方法论的探讨。

第一章解释了自由贸易理论为何存在学术和实践的障碍。首先，我们列举了一系列关于自由贸易本质和益处的迷思，这些迷思在经济发展中不断深化但悬而未决。接着，我们讨论了历史上遵从自由贸易理论而导致的失败：在如此缺乏历史经验佐证的情况下，从来没有一个实践项目获得了这样的高度评价。最后，我们讨论了如此站不住脚的理论何以在当今世界的争论中留下浓墨重彩的痕迹。

第二章指明了贸易争论的学术内核：比较优势理论。这一理论在一系列相互关联的方面并不完备。为了正确阐释这个理论的内容，我们不得不将其未能表述的部分融合进来。因此，我们所获知的内容所表达的意思，却取决于我们未曾得知的内容。对比较优势理论的批评，直接导致了对经济学主流分析范式的批评；比较优势理论的当代阐述就采用了这一范式。

第三章对比较优势理论的不完备性作出了回应。为此，我们列示了一些理论，包括国际贸易以及更广义的市场经济和劳动分工，从而客观分析前两章所提出的事实和迷思。尤其，这些理论是研究

---

① 与19世纪末的德国制度经济学或20世纪早期的美国制度经济学不同，20世纪末的"新制度经济学"不属于上述偏离主流经济学思潮的存在。新制度经济学结合了制度趋同理念和实用主义决定论，认为经济活动的制度框架（包括现有市场经济体的制度）是先进经济体自然的或必要的制度设置。所以说，新制度经济学荒废了制度研究的学术潜力，反而代言了反制度经济学的理论。还有少量的右翼黑格尔哲学的突出论调（比如"存在即合理"）仍在当今社会科学领域大行其道。

自由贸易的基石。如果不对传统理论的基础进行质疑和修正,那么,我们就不能构建更好的自由贸易理论——超越自由贸易和保护主义传统争论点的理论。

这些基础性前提涉及一些最基本的经济学概念:市场经济的本质及其可选择的制度形式;为什么一个经济体的核心问题必须用经济之外的政治来解决;在厂商、国家乃至世界层面的劳动分工的特质,这对创新和增长至关重要;一旦摆脱了亚当·斯密(Adam Smith)的图钉工厂和亨利·福特(Henry Ford)的组装流水线所依托的理念,我们应该如何思考劳动分工。对自由贸易的反思,需要的远不止商业理念。

上述概念构成了理论发展的背景,第四章则为自由贸易进行辩护:第一,在哪些经济情形下,自由贸易可能最为有利或最为危险;第二,在哪些政治情形下,自由贸易可能泽被苍生或压缩利益;第三,自由贸易,或者更广义的自由经济,在实现自由的不同方式中,存在自相矛盾性和误区。这些论点共同构成了反思自由贸易的要素。同时,根据这些基本原理,我们可以构建一个开放的世界经济框架。关于自由贸易的传统承诺是世界进步之路中不可或缺的部分,对此,我们既未重申,也未否定。自由贸易者与保护主义者在争论中熟悉的说辞,并不足以表述自由贸易的内涵。

第五章依据分析提出纲领性建议,指明重构世界贸易体系,重新定位国家发展策略。自由贸易是我们理论的核心,也是全球化实践的核心。我们已经习惯于这样的想法——全球化必将到来,我们所能做的只是接受,或多或少,或快或慢。本书的讨论得出结论如下:我们可以也应该接受自由贸易和全球化,但有别于我们现在的方式。我们不仅要干预或者接受它们,还需要反思和重构它们。仅凭理论无法完成这样的转变,但没有理论更是万万不行的。

目　录

丛书总序 ·· 1

译者序 ·· 1

本书的主旨与讨论范畴 ··· 1

第一章　困境：自由贸易之谜 ·· 1
　　熟悉的问题，困惑的方案 ·· 1
　　自由贸易与保护主义的历史：颠覆性的教训 ·························· 8
　　自由贸易学说的权威性：为反对者提供口实 ························ 12

第二章　困境：比较优势的不完备性 ·· 16
　　比较优势学说 ··· 16
　　不完备性：因无法论证比较优势指派具有唯一解而导致的不确定性
　　　 ·· 19
　　不完备性：我们构建比较优势的整体能力的限制，其不确定性引发
　　　的困惑 ··· 26
　　不完备性：因世界被划分为主权国家而造成的尴尬 ············· 32
　　超越不完备性：后边际主义经济学与物理学的虚假相似性 ··· 38
　　被宣判永远长不大：边际主义开创方法的影响 ···················· 43
　　注释：涉及比较优势思想主流范式的本书概念 ···················· 50

第三章 观 点 ·· 61
  寻找观点 ·· 61
  专业化与发现：当竞争抑制了自我转化 ································ 62
  政治凌驾于经济之上：当贸易限制意味着不向特殊利益或代价高昂的
  教条屈服 ·· 65
  秩序与修正：当自由贸易增强了自我转化能力 ···················· 70
  不同的自由贸易，不同的全球化：从市场学说中解放出来的市场 ······ 73
  重新构想及重塑劳动分工：从图钉工厂到创新工厂 ················ 76
  一个核心概念：思维与情境 ·· 81

第四章 命 题 ·· 90
  本章命题的本质 ·· 90
  相对优势命题 ·· 90
  政治凌驾于经济的论点 ·· 113
  自我修正的理论 ·· 124

第五章 建 议 ·· 137
  从分析到规划 ·· 137
  世界贸易体系及其重构 ·· 138
  改革的自由贸易：替代项的共融 ································ 149
  改革的自由贸易：市场经济形式的实验 ························ 154
  改革的自由贸易：货物自由流动而资金受限，人员自由流动而思想
  更强 ·· 160
  改革的自由贸易：从雇佣奴隶到自由劳动力 ···················· 164
  自由贸易的困境与经济学的可能性 ································ 175

名称索引 ·· 183

主题索引 ·· 186

第一章 困境：自由贸易之谜

熟悉的问题，困惑的方案

首先，我将列举自由贸易学说中的一些耳熟能详的问题。这一套自由贸易学说的基础是国际劳动分工内的专业化生产，尤其是建立在比较优势上的国家专业化[①]。这些问题及其现有解决方案，并未否定自由贸易学说的核心思想及其实践结论，即自由贸易的益处。诚然，这一点无从否定。但是，这些问题提出了一个挑战，而当前关于贸易以及自由贸易的思路并不足以应对。这个挑战是怎样被持

---

①两国相比，如果甲国可以更高效地生产某种产品，即以更低的成本生产，那么，甲国就在该种产品上具有相对于乙国的绝对优势。如果甲国生产某种产品的机会成本更低，即用以生产该产品的资源具有更少的相对机会被投入到其他更高效的领域，那么，甲国就在该种产品上具有相对于乙国的比较优势。就某种产品而言，一个国家可能不具备绝对优势，但该国可能具备比较优势。比较优势大幅拓展了国际专业化生产的基础。因此，考虑到比较优势理论在表述上与直觉相悖，同时也具有深远的指导意义，自近200年前由大卫·李嘉图（David Ricardo）提出以来，该理论一直是思考国际贸易的基石。我们将在下一章详细讨论比较优势理论。虽然一般认为比较优势的应用比绝对优势更广，但在很大程度上，绝对优势与比较优势的差异与我们即将在下文列举的问题无关。因此，我在下文中将使用更为简洁的术语——"优势"。

续回避的？为什么会被回避？回避的后果是什么？这些都值得我们深思。长期以来，关于自由贸易学说的一些反对意见和复杂纷争简示如下，并未穷尽。

1. 自由贸易学说假定，国际劳动分工中，各国的专业化生产存在独一的高效安排：谁应该生产什么。即使我们假定比较优势是给定的而非构建的（详见下一条列示），基于各经济体的优势，应该存在不止一种安排，每种安排为国家福利和增长带来不同的结果。这样才更符合现实，正如任何经济体都有多种途径达到均衡。这种优势越独立于自然禀赋，那么，对于国家在世界贸易中专业化生产安排的问题，其非单一的有效解决方案就显得更为重要。每一种安排方案，都会带来不同的福利和增长。

2. 自由贸易学说假定，优势是给定的，而非构建的。当我们不再局限于自然禀赋的优势时，这个假定就不那么站得住脚了。关于构建优势，有一个最切实的例子：在一个不具备自然禀赋优势的国家，产品线的规模经济和范围经济，以及技术集中化的发展。然而，一旦我们承认管理创新和集中措施完全可以创造优势，那么，优势创造的原则可以用以解释一个国家实践成败的方方面面，包括制度和措施层面，涉及政治、经济和社会领域。贸易理论难以解释优势如何形成。基于同样的原因，关于市场经济最大化行为的制度性和心理学假定，经济学普遍难以解释其如何设定和修正。

3. 自由贸易学说假定，如果优势并非来源于自然禀赋，则无非来自市场活动本身，或者政府干预（伴随着厚此薄彼或喧宾夺主的风险）。似乎这样的表述就能使假说站得住脚了。实际上，优势是在私有企业和公共政策的共同作用下形成的。不过，一旦承认了这一点，我们就认识到，这种共同作用可能涉及的制度形式并不是一个闭集。的确，在世界范围内的自由贸易中，不存在孤立且无争议的制度成就。

市场经济的概念，在制度层面是模糊的。换言之，市场经济可以在多种不同的法律和制度约束下实现，每一种都会对社会生活的方方面面产生显著的影响，包括社会阶层结构、财富和权力的分配。同理，自由贸易的一般性体制，在制度层面也是一个模糊的概念。自由贸易在制度领域的实现和普及，才对人类未来具有非凡的意义。自由贸易与保护主义之间长期的龃龉，并不足以涵盖上述争论。

4. 自由贸易学说假定，只要我们修正了市场的不完善（遵循以下修正准则：先修正；若不成功，则用国内政策进行补偿；万不得已才限制贸易），我们就能从自由贸易的静态效率推进到跨期效率，进而得到其对经济增长的促进作用。实际上，只有当跨期效率的定义狭隘到失去理论或实践价值时，第一环才是成立的。至于第二环，则根本不存在（后文提及的史实验证了这一点）。

更有甚者，关于市场不完善的言论，被保护主义的理论应用于"新兴行业"和"贸易中的垄断势力"等方面，分散了核心问题：我们不是要讨论如何重建市场，或如何应对市场失灵，而是先确定需要建立怎样的市场，以及需要怎样的配套制度和措施。如果我们的焦点局限于优势，无论是给定的还是构建的，我们都无法触及上述核心问题。相反地，对于优势的分析，需要我们已经圆满解决了这个核心问题。然而，我们并没有做到。

5. 自由贸易学说假定，当本国的贸易伙伴有消除或消减贸易壁垒的意愿时，本国的贸易政策不受其影响。传统理论（策略性贸易理论对其提出了有限的反对）一直秉持这一假定，尽管在真实世界抛弃这一假定就可以解释各种相机而动的互惠或报复措施，但传统理论仍然坚持认为贸易体系是同质且尽可能自由的。

6. 然而，如果任何给定的历史背景下的整个世界贸易体系及其得以运行的制度和政策安排是特定且偶发的，如果这些制度和政策安排无法通过自由贸易理论的纯粹分析推导出来，如果它们是世界上不断变化的利益和愿景冲突的产物，如果它们承载了各方的深层策略，如果少数主导性经济势力的策略决定了这些制度和政策安排的内容，那么，就不应假定一国的贸易政策独立于从其贸易伙伴处获取的特权。在反对这一假定方面，策略性贸易理论做得还不够。

若对自由贸易与保护主义的争论历史有所涉猎，本书的读者将有所疑惑。众所周知，基于绝对或比较优势的传统自由贸易学说，存在一系列歧义和缺陷。我们的兴趣在于，综观造成这些歧义和缺陷的理论，深化和拓展这些歧义和缺陷，识别其尚未被发现的内涵。然而，研究自由贸易争议的人们并不认为这些争议在很大程度上取决于截然不同秩序下的理念。对于这些理论，上述歧义和缺陷无法自证。

对于自由贸易的传统反对意见，可以大致分为两类。第一类，在建立同质的自由贸易体系时，由于无法解决我们今天所说的集体行动难题，因而出现限制贸易的特例。如果市场的开放程度并非同质，那么，在某些情况下，各自原有的行动方案将不符合贸易各方的利益。换言之，单边地或非互惠地取消贸易壁垒，并不符合本国利益。这就是罗伯特·托伦斯（Robert Torrens）"贸易条件"理论的核心。

该理论将支持自由贸易的传统观点分为两方面：一方面，只有在极特殊的情况下，贸易壁垒比单向保护主义更有利；另一方面，现实中的保护主义政策屈从于利益集团的需求和甚嚣尘上的教条，从而浪费了其理论价值。

第二类传统反对意见围绕特定情形下的自由贸易效应的非均衡分布，包括对不同经济部门和不同社会阶层的不尽相同的影响。弗兰克·格拉哈姆（Frank Graham）的"报酬递增"理论就属于这一类。该理论认为，如果制造业规模报酬递增，而农业规模报酬递减，那么，一个进口工业制成品且专门从事农业生产的国家就有理由对工业制成品课以关税，从而促进自身产业结构转向劳动生产率更高且规模报酬递增的部门。米哈伊尔·马诺伊勒斯库（Mihail Manoïlescu）的"差异化工资"理论也属于这一类。该理论认为，发展中国家有理由设置贸易壁垒，从而促进劳动力从工资报酬和劳动生产率都较低的农业部门转入高工资报酬和高劳动生产率的工业部门。詹姆斯·布利斯多克·布莱金（James Bristock Bridgen）所谓的"澳洲论点"也属于这一类。该理论认为，尽管农业部门报酬递减，但由于自然禀赋所限，有一些国家在世界经济中常年处于农产品出口国的地位，那么，这些国家有理由设置贸易壁垒。此外，司多普—萨缪尔森定理（Stolper–Samuelson theorem）也属于这一类。该定理认为，当进口替代部门从事劳动力密集型产业时，进口关税将提高劳动力的真实报酬，而降低资本的真实报酬。

第二类的观点在下述问题上达成一致：在特定情形下，自由贸易将导致不同生产部门和不同社会阶层之间的收益再分配。而这将阻碍该国劳动生产率的快速提高，因而，这会造成经济上的不便，也不是政治上所乐见的。

这两类观点都提到，由于某些具体原因，自由贸易的主张在特定的情形下不具备说服力。但在这些特定的情形之外，这两类观点并不能提供切实的理论基础来反对自由贸易，也无法改变我们所认定的自由贸易的益处。因此，他们强调约翰·斯图亚特·米尔（John Stuart Mill）的论点，即"保护主义的论据存在于特定情形下"——也只存在于这些情形下。

结果，在自由贸易学说支持者的回击中，上述反对观点所蕴含的竞争性假定和更广泛自由贸易的分配效应，都失去了很大部分的理论和实践价值。这些回击分为两个部分：第一，将所有反对意见都解释为在描述低劳动生产率陷阱。自由贸易的拥趸认为，跳出低劳动生产率陷阱的关键不在于限制开放的全球市场，而在于进一步开放国内市场，促进竞争，提高灵活性，普及教育和培训，完善标准体系。第二，只要市场失灵存在，分配失当的短期破解之道就是资源的矫正性和补偿性转移。贸易壁垒是万不得已的措施，其成本最为高昂。由于需要避免厚此薄彼和教条主义，贸易壁垒的成本将被进一步放大。

针对建立在比较优势基础上的自由贸易理论，我们所熟知的上述两类理论持反对意见。而正如上文分析，我们可以快速有效地破解这两类理论。自由贸易学说是普世的，反对意见则只适用于特定情形。正因为只适用于特定情形，这些反对意见并未触及自由贸易学说的实质。

现在，我们回到之前列示的理论分析难题上。这些难题不是特例，而是普遍存在的。它们显示了概念体系本身的困境和模糊地带，而并不仅仅局限于某些特例中的应用。这些难题说明，在不同的情形下，自由贸易（国际劳动分工和全球贸易体系）可能存在不同的含义和不同的组织形式。这说明，我们需要做的，不是选择多一点或少一点自由贸易，而是应该以全然不同的方式审视自由贸易，并据此作出相应的架构安排。

因此，在概念上，我们需要优先讨论前文列示的关于自由贸易学说的一系列迷思，而非囿于自由贸易与保护主义长期争论的主题——集体行动和分散决策这两类实践论点。在破解前文列示的迷思之前，我们无法有把握地理解那些广为人知的论点。能否构建、发展和组织一种开放的世界经济体系，使得参与国绕开格拉哈姆（Graham）、马诺伊勒斯库和布莱金所描述的低劳动生产率陷阱？在构建这个开放的世界经济体系的过程中，能否解决集体行动的问题，从而确保参与国可以形成及发展各自的经济组织架构及产品线？

关于自由贸易概念体系所蕴含的困惑以及保护主义的历史争论所遗留的未决问题，前述讨论有一个核心主题：我们需要以多种方式设想和构建世界范围内的自由贸易，并对这些方式进行甄别。上述迷思十分重要，这说明我们还有空间对国际自由贸易进行反思和重构。争论的历史说明，在学术和实践上，只有当我们找到其他应对更广泛争议的方式时，争议才能告一段落，甚至到那时我们才能给出自由贸易的明确定义。

关于自由贸易的普适概念范畴，并没有一个毫无争议的实现途径。举一个简单的例子，产品的自由贸易是否要求劳动力自由流动呢？只要未来存在不同的可能性，包括自由贸易本身的未来也存在不同的可能性，那么，出于利益需求以及各自对未来的愿景，自由贸易的各参与方将采取不同的策略。而这些参与方不会在自由贸易结束后才制定策略。自由贸易的框架不是永动机，不能指望其一经确立便确保我们在之后的制度选择和策略冲突中一劳永逸。

上述各种问题，都直击传统自由贸易学说的限制条件和扩展应用。除非找到正确的方向，否则，无法充满说服力地成功为自由贸易学说正名。这个方向强调，国家间的专业化生产存在多种可能成功的安排，同时也强调政府和厂商在构建新的比较优势中的作用。针对林林总总的反对意见，可能合理的回答将涵盖以下特色主题：机会和应对都是多样的而非单一的；优势是构建的而非给定的，是目的而非导向。

这些回答表明，应对我在前文列示的5个问题时，需要采用与过去120年经济学理论主流趋势相悖的方向。这些回答动摇了过去的理念，不再将市场（此处指广泛贸易中的世界市场）视为永动机。该理念定义了自身的假定条件，也针对资源配置问题提出了唯一的解决方案。在给定框架内寻求最优（或甚至是帕累托改进，即对各方均更优）方案与重构整个框架，两者的对立性在这些回答中被弱化了。对此，这些回答只是融合了经济与政治，而不是将两者严格割裂开来。

例如，我们不妨考虑以构建的比较优势替代给定的比较优势。政府行为、集体行动以及私有企业，都可以且一直在造就比较优势。一旦承认这一点，我们就需要探寻，贸易体系中的哪些特质促进或阻碍了这种规模上的不稳定倾斜。比较优势可以是构建的；世界经济中哪个国家生产哪种产品效率最高，答案不是唯一的。一旦我们将这两个理念融合，关于如何理解和构建广义的自由贸易的讨论，关于不同国家应采用何种发展策略的纷争，此中隔阂将被破除。市场概念在制度层面具有不确定性，即我们无法根据"市场"这一抽象概念推导出市场具体的法律和制度安排。全球自由贸易概念在制度层面也是不确定的，即该概念在法律和制度上的含义可能具有截然不同的解读。一旦我们承认自由贸易的制度不确定性加剧了市场的制度不确定性，我们就要开始思考对自由贸易的解读到底是什么。

因此，我列出的每一条众所周知的反对意见，都指向了似曾相识的答案。然而，这些答案的累积效应，使得自由贸易学说的理论意义和实践价值都更加依赖于学说的内容。我将论证拓展到实证和规范的论战，而不是退避三舍。在这个意义上，我的论证削弱而非加强了经济分析的独立性。我的论证与经济理论一贯的大方向背道而驰。我从困惑出发，通过困惑，洞悉问题。

自由贸易与保护主义的历史：颠覆性的教训

在社会经济领域，从来没有一个学说像自由贸易学说一样，一面因其鼓吹同质性贸易体系优越性而在学术上享有盛名，一面又被历史经验反复证伪。平心而论，历史上并没有证据表明，自由贸易与经济增长存在广泛的正相关关系。甚至，很多证据表明了两者间的负相关关系。我并不打算用这些证据来系统性地支持保护主义。其实，本书的中心论点是，自由贸易与保护主义的传统争论点一直存在误区。只要我们固执地误读史实，那就不可能获得学术上的明确结论。争议涉及的事实并不晦涩，不需要对未解禁资料进行研究，也无须对隐秘文本进行解读。正如我们设想的那样，这些事实仅仅是长期内的各种历史事件。

19世纪和20世纪的大部分时期，直到20世纪最后几十年全球化兴起为止，北大西洋地区的富裕国家曾是保护主义的大本营。其中，最重要的例外是工业国家的先锋——英国。与富国相反，由于政治压迫和意识形态输入，世界上大部分穷国利用其构建的比较优势，广泛实行自由贸易。

在欧洲大陆，对保护主义的偏好贯穿了19世纪的大部分时期，并在1892年到1914年期间登峰造极。那是上一轮全球化（早于20世纪末至21世纪初的那一轮全球化）的黄金时期。最值得注意的全球化运动，发生在1861年英法贸易协定签订以后。此次运动非同寻常，因其导致的自由贸易贯穿了19世纪70年代欧洲大萧条的整个时期，当时经济下行的情况甚至在某些方面超过了20世纪30年代的大萧条。

注定成为世界经济领头羊的美国，采取了比任何西方国家更为长久和激进的保护主义政策。唯一始终反对保护主义的是蓄奴的南方。亨利·嘉里（Henry Carey）的"美国体制"保护主义学说早于弗里德里西·李斯特（Friedrich List）的学说。

保护主义经历了两个抑制时期，即1844年民主党执政以后和1913年安德伍德关税（Underwood Tariff）实施以后，但时期短暂，影响有限。有趣的是，19世纪后期，美国获得工业国领先地位以后，保护主义不减反增。争论的重点从扶持早期工业转向工资保护和激进的国家策略。

有人可能设想，如果听从英国的自由贸易和比较优势支持者以及其他国家的自由主义信徒，那么，美国和欧洲大陆可能表现得更好。然而，这种反事实假想属于纯粹的教条空想，无法被证明或证伪。

在后来被称为第三世界的那些国家，尤其是被北大西洋国家完全控制或受其政治经济影响的国家，自由贸易被简化的自由主义和李嘉图主义论调证明，并被奉为圭臬。自由贸易的应用，有两个清晰的例子，即拉丁美洲的一些主要国家（尤其是巴西）和土耳其帝国。总体而言，在大部分时期内，上述奉行自由贸易学说的地区，经济增长十分缓慢。

在上述事实以及许多相似的情形中，我们并不能推断出自由贸易与经济增长之间的反向关系。但是，这些的确让我们对两者的正向关系提出质疑。不仅不能说经济增长与贸易壁垒之间存在正相关关系，大部分的当代史实甚至没有显示保护主义与贸易增长之间的负相关关系。在增强贸易保护的同时，大部分国家增加了自身在世界贸易中的份额，也提升了其贸易额在本国 GDP 中的占比。

现在，让我们暂且跳出自由贸易与保护主义的狭隘争论，转而思考那些难以理解的史实带来的教训。这些教训有助于我们超越狭隘争论的范畴并形成普适的观点。

教训一，贸易壁垒的降低，通常发生在持续高增长之后，而非之前。典型的情况是，处于上升通道的国家将加入贸易体系，在顾及其特定策略和愿景的前提下，逐步降低贸易壁垒。在形成纸面条文以前，这些国家就已经主动而非被动地参与世界经济。

教训二，那些最坚定和最成功地实行无壁垒自由贸易的国家或地区，在实现持续高增长之前，就已经是小型商业贸易中心。他们已经将经济命脉从特权领域转入更广泛的经济领域，同时也更支持贸易。当代的一个例子是香港地区，而历史上的一个例子是汉萨同盟的自由城邦。其比较优势构建在地理位置的基础上，同时，制度安排和文化倾向也促使其充分利用地缘特质。

教训三，许多在世界经济的专业化生产线上成功获利的国家，并未在环境需要的时候完成自身的重塑。事实证明，不断重塑自身所需要的制度体系、政策措施以及信仰理念，比任何一次成功获利都重要。保护主义与自由贸易之间特有的晦涩争论，在形成上述重塑自身的综合能力中，起到了重要的作用。

教训四，那些最成功的国家、地区和厂商网络，通常在攫取全世界的资源、技术和思想时，能够坚持独立决策。这些经济体能够坚守并强化自己的行为路径。比起他们的贸易开放程度及其所采取的保护主义措施，更重要的是他们对自由贸易和保护主义的理解和践行方式。例如，在推行保护主义政策的同时，吸引外资参与国内基础设施建设（如美国在19世纪中期所做的那样）。又如，在推动自由贸易的同时，避免外资掌控主要企业（如日本、韩国和中国台湾地区在20世纪中期所做的那样）。

事实证明，将世界划分成不同的主权国家，形成了多样化发展的基础。如果真的存在无国界贸易的全球经济，我们应该可以找到某种方式替代主权国家，从而有选择地推进自由贸易和保护主义。

针对历史启示，当代经验提出了一个重要的补充。如果说，我们能从20世纪国家发展的成败中获得一些教训，那么，这个教训首先是充满矛盾的。所谓矛盾，体现在两个方面。

把一切交给市场，包括国内市场和国际市场，的确是可行的。然而，要想市场运转到最佳水平，国家、政府及其智囊必须勇于构建市场经济体制，并依据本国的条件参与世界经济。这通常需要采用不为人熟识的政策体系，或需要对熟悉的政策进行不寻常的组合。

把一切交给国内或国际市场，从来不默认市场经济的恰当形式只对应一种教条的制度安排，也从来不接受自由贸易学说基于比较优势作出的欠考虑的预测，而是需要调和两种措施。其一，分散经济势力和机会，并扩展市场的规模和范围。其二，通过政策激励和集体行动以及私人企业的共同作用，重塑比较优势，从而形成维护国家利益和独立发展的关键能力。因此，以中国为例，尽管其实行中央集权制，且存在分配不均衡的问题，但该国仍然处于上升通道。反观拉丁美洲，作为当今世界最坚定秉持伪正统市场主导体系的地区，其在全球经济中的地位经历了灾难性的下跌。

自由贸易学说的权威性：为反对者提供口实

像自由贸易传统学说这样的理论体系，何以在充满严重谬误又与历史经验极为相悖的情况下，依然享有令人生畏的学术权威？对这个问题的回答，超越了学术史的范畴。这促使我们理解关于自由贸易与比较优势的争论中什么最站不住脚，也促使我们跳出传统讨论的局限。关于自由贸易学说何以凭借如此薄弱的基础获得高权威性，下文列出了四个理由。

第一，该学说与市场资源配置理论存在紧密却晦涩的关系。根据给定的比较优势组织生产，通过自由贸易实现国际劳动分工中的帕累托改进（即相比之前的国家专业化生产安排，某种劳动分工可以使贸易各方的收益增长），这一概念乍听之下无可非议。看起来，这只是在国际贸易领域实现了广义的市场主导交换。但是，如此看似无懈可击的出发点，却导致了社会科学领域最意想不到的结果之一。它维护了一个广为认可甚至可敬的假定，同时，能够颠覆成见并制造惊喜。这给自由贸易学说加上了魅力光环，使人怀想其数学发现般的那种魅力。

自由贸易学说基于给定或构建的比较优势，而在此框架内解读广义的市场分配理念，则体现了自边际革命兴起以来流行的经济学理论化的普遍特征。市场被当作永动机，总能最有效率地配置资源。只要这种理论不产生任何解释性或指导性的结论，在实证和规范研究中就无懈可击。越是纯理论分析，越缺乏解释力和指导性。这种理论必须从其他思想体系中借鉴因果逻辑和规范性假设，并将之融合。

自由贸易学说的机制，陷入了纯理论性和内容贫乏的两难境地。国际劳动分工中的市场配置理论，需要明确的定义，但却又依赖严重不完备的争议性前提假定。比较优势是构建而非给定的，政策激励、市场外的集体行动以及标准化的市场行为，都能构建比较优势。我们越认识到这一点，狭隘的传统自由贸易学说就越不能成立。如果将比较优势作为标准，以此衡量国际专业化生产安排的优劣，那么，我们无法确知现有安排应与何者比较。

另一个例子是，市场经济存在其他的制度形式。产权和合同的、不同生产要素的相对跨境流动性、政府行为与私人企业的互动方式，这些假定都不是无关紧要的细节，而是直击自由贸易计划的核心。我们无法通过市场和自由贸易的抽象概念来回答问题。我们的回答必须立足于争议性的因果逻辑和规范性的理论观点。

第二，由于学术界、政治势力、历史经验相互交织，自由贸易学说获得了巨大的声誉。在自由贸易理论展现空前影响力的时期，当时强国的知识分子对其国家所主导的世界秩序最具信心。即使自由贸易很重要，也只是世界进程的一个方面。对于当时的世界主义主张，自由贸易表现了支持，并确保其落实到真实的商业领域。

与之相反，当强国的知识分子不再相信其国家有能力建立世界秩序时，自由贸易学说也随之动摇。在这种情形下，20 世纪 20 年代，凯恩斯（Keynes）开始质疑自由主义和李嘉图学派所提倡的自由贸易。在当代历史中，很少有人质疑霸权主义与世界主义可以通过强权实现完美结合。

此外，另一种反对意见不是那么有名，也不常被人提及，但存在了更长时间。该意见出现在两个时期。在后起的外围帝国主义国家，一些注重实际的经济学家和国际法学家，如19世纪中期美国的亨利·嘉里（Henry Carey）和同时期德国的弗里德里西·李斯特（Friedrich List），提出了这种反对意见。同时，在一些无望致富或变强的后进国家，也有一些学者支持这种意见，如20世纪六七十年代拉丁美洲的依附理论学者。

然而，这些意见无力撼动世界帝国主义核心的权威学说。上述反对意见的第一拨支持者，试图在帝国主义阵营争取一席之地。第二拨支持者则在学术和政治上永远被边缘化了。

第三，贸易政策，尤其是政策细则，是灵活机动的，而政府权力又受制于私人利益，这种广为人知的关联，使自由贸易学说具有影响力。我们反复被教育，尽管政府不能选出赢家，但输家可以选择政府。自由贸易理论的拥护者声称，寻租行为导致了保护主义。

他们的说法不是无稽之谈。法律和政策设计中，包括贸易法律和政策，任何形式的灵活机动，都提供了损公利私的机会。而损公利私的行为则可能限制经济增长，并将增长果实分配给成功的寻租者。然而，这个无可非议的事实并非故事的结局；这只是故事的开始，在此基础上，我们形成了后文的论述。

政府权力在多大程度上易受制于私人利益，或曰在多大程度上受到未经验证的不实教条蛊惑，这并无定数，也不是政府与经济之间关系的恒定规律。这是一个变量，取决于政治架构，正如权力和信息不对称导致的市场扭曲程度也是一个变量。两者至少同样易受人为制度设计和政策实验的影响，或者，至少受历史经验差异的影响。如果我们的国家不那么容易被特殊利益集团操控，如果我们在制定政策时愿意将计划分散执行，那么，我们就可以拥有更灵活机动的贸易政策，而且风险更小。政治的本质和转型，决定了经济上的可能性将受到多少限制。

第四，政治力量试图隐身于其乏味的框架中，因此，自由贸易学说别具魅力。记得大卫·李嘉图（David Ricardo）在其关于自由贸易和比较优势理论的权威阐述中强调了政治："在完全自由的贸易体系中，每个国家本能地根据其最大利益分配资本和劳动力。通过刺激工业，奖励发明，有效利用自然禀赋，一个国家可以最高效最经济地分配劳动力；同时，通过扩大社会大生产，国家间的利益融合捆绑，并在共同利益下形成整个文明世界统一的国际社会。"（见《政治经济学及赋税原理》第七章"对外贸易"）

在李嘉图（Ricardo）之前至少数代人，熟知这样的理论：贸易的主旨在于构建利益共同体，弱化或消弭国家荣耀和势力带来的对立情绪。对此，基于比较优势的李嘉图主义开放经济概念体系，进行了关键性的扭曲：常识和物质利益，虽然相对无可非议，但支持了曾颇具争议的完全开放的国际贸易计划。一旦自由贸易争议性的主张取得权威性，并构建争议不大的假设前提而进一步巩固，那么，我们的买卖将不需要借助战争或意识形态。

宣扬自由贸易的自由主义，不仅看起来比自由主义前的重商主义安全，而且其勾画的未来，超越了宗教和意识形态战争导致的无结果的残酷国际竞争。除了促进经济增长，商业利益还可以为文明服务。相比于处世哲学、恐惧和共情，商业利益建立了基础更牢固的交流与和平。国际自由贸易是一种求同存异的手段。上述观点至今存在，因此，我们才能研究自由贸易学说的当代语境表达和政治应用。

然而，事实是开放的世界经济并不能解决当代政治争端，反倒成为了争端产生和发展的又一个领域。试图在特定的自由贸易体系中寻求其并不具备的中立性，无助于实现世界和平与和解。相反，将一个饱受争议的全球计划伪装成简单的常识，这本身就会引起麻烦。

第二章 困境：比较优势的不完备性

比较优势学说

如果我们要寻求更为可靠的理论，那么，对于自由贸易学说，我们必须深究其赖以形成的导向性核心思想。通过分析该学说，我们有机会反思全球劳动分工的概念以及经济学方法的假定条件。自由贸易将一种市场经济的典型模式推向全世界，不惜推翻一切制度和概念阻碍。而有组织的无政府主义和从未停歇的实验主义，在这种典型模式中起到重要作用，并被推向极端。这些现象促使我形成本书的论述。

大卫·李嘉图（David Ricardo）的比较优势思想，经过精炼和扩展，被后世理论证实，成为推崇市场作用的信念核心。要想重新评价该思想及其后续理论，必须先形成一种截然不同的思维方式。比较优势的思想，恰恰代表了经济学分析的重要成果，并很快被证明是一种丰富且反直觉的思想。

在重新评估中，我无意否定比较优势概念的力量及其理论发展的传统。但是，我们的重新评估显示，比较优势在理论和政策领域应有所改变。问题的关键在于比较优势学说未曾论及的部分，更广义而言，是现有经济学分析范式以外的部分。同样存在问题的是，当我们试图融合该学说揭示的道理与其未探究但同样重要的事实时，我们得到了出乎意料的结果。该学说不完备性所造成的障碍，比我们通常设想的更为可怕。而如果我们要对其进行补救，则需要对我们承袭的其他理论进行正视和调整。

"如果外国卖给我们的商品比我们本国制造的更便宜，那我们应该从外国购买这种商品，并将本国的工业生产转向优势领域。"亚当·斯密（Adam Smith）在《国富论》第四卷第二部分第12章如是写道，由此提出了相对无甚争议的温和的绝对优势概念。李嘉图（Ricardo）的创新，一石激起千层浪，认为国家专业化生产所采用的逻辑并非这种简单对比。他认为比较优势足以解释专业化生产。用我们今天的话说，如果一个国家生产某种产品的机会成本低于其他国家，则其在这个产品上具有比较优势。

试想，在李嘉图的权威示例中，存在两个国家——英国和葡萄牙，两种商品——葡萄酒和纺织品，劳动力是生产中唯一的投入要素。进一步设想，相比于英国，葡萄牙生产葡萄酒和纺织品的效率都更高，即劳动力成本更低，但其生产葡萄酒的效率更高。换言之，相比英国，葡萄牙在生产葡萄酒时节约的劳动力，比其生产纺织品时节约的劳动力更多。起先，根据绝对优势原理，葡萄牙既不需要从英国购买葡萄酒，也不需要从英国购买纺织品。

李嘉图指出，与我们的直觉倾向相反，根据其理论的高度限定性但充满启发的前提假定，建立在英葡各自专业化生产的基础上，葡萄酒和纺织品的贸易将对两国都有利。如果两国要从贸易中获取最大的可能收益，那么，葡萄牙应仅生产其相对效率最高的产品——葡萄酒，而英国则应仅生产其相对效率劣势最小的产品——纺织品。于是，英国只生产纺织品，则其所有葡萄酒都需要从葡萄牙进口。相比于其他做法，这样的安排最终将使英葡两国的经济状况都变得更好。

　　李嘉图的这个示例中，机会成本就是每多生产一单位纺织品所必须放弃的葡萄酒产量。如果，相比于葡萄牙为了多生产一单位葡萄酒而放弃的纺织品产量，英国为了多生产一单位纺织品而放弃的葡萄酒产量更低，那么，英国在纺织品生产上具有比较优势。我们令英国仅生产纺织品，而葡萄牙仅生产葡萄酒。经过自由贸易金手指的点化，两国最终都能够消费更多的纺织品和葡萄酒，从而实现帕累托改进，两国的经济状况都能得到改善。如果贸易中的任何一方拒绝过限制上述专业化生产，那么，双方都必将作出调整。

　　在后世理论化的精炼和争论中，比较优势理论被推广和加强，成为了推崇基于专业化生产的普世自由贸易的核心理由。当然，或许应该承认，这个理由是不完备的：正如通常的应用经济学分析一样，其解释力取决于其假设前提的限定性。同样，由于部分或全部假设前提在现实中不成立，因此，我们在概念和实践中对这种矛盾的调和方式，也决定了比较优势理论的解释力。然而，思想领域的一切都是不完备的；比较优势理论的支持者坚持认为，我们的任务是修正基于不完备性的政策主张，但对于比较优势理论所展现的人类的丰富性，我们不应背离其核心思想和路径。但当我们将比较优势学说所阐述的内容与其未表达的内容相比较，上述支持理由看起来就不是很合理了。

　　实际上，就狭义而言，比较优势理论及其所属的经济学标准分析范式，与本书所提倡的贸易理论并非全不相容。在各自引发的更广泛的解释、批评和提议中，两者也不矛盾。然而，只有当我们以足够纯粹严苛的分析方式来阐释比较优势理论时，才不存在上述狭义和广义的冲突。一旦在更广义的层面理解该理论，放松长期以来普遍采用的假定条件（这也是其实际价值之所在），上述冲突就会浮现。这种在更广义层面出现的冲突，显示了整个后边际革命经济学的特质与局限，尤其显示了自由贸易理论的见解和误区。长期以来，自由贸易理论常被视为经济学王冠上的明珠，也被作为经济学实践价值最具说服力的例证。

不完备性：因无法论证比较优势指派具有唯一解而导致的不确定性[①]

比较优势学说的不完备性，体现在三个不尽相同但彼此联系的方面。我们必须转变有关国际贸易的思路，追根究底，我们必须重新思考经济学分析的基本问题——市场交换和劳动分工，只有这样才能准确评估上述不完备性的学术意义。

第一种不完备性：在特定的贸易伙伴之间，如何组织专业化生产的问题不具备市场出清的唯一解。李嘉图的经典示例约定简单，只有两种商品和两个国家，而技术和劳动力是同质的。近世的亥克歇尔－俄林（Heckscher－Ohlin）模型的经典形式假定，存在两种商品、两个国家、两种生产要素（如资本和劳动力），且知识在世界范围内共享。一旦放松这两种模型的假定，我们总会发现比较优势的指派问题，即通过专业化生产使各国收益最大化，存在多个解，或无穷解，或根本无解。（与后世许多理论化成果不同，李嘉图的原始理论主要建立在各国生产技术水平差异化的基础上，也就是建立在各国工人生产率差异的基础上。）而且，即使存在唯一解，通常也不是简单清晰的；例如，这个唯一解可能显示，一个国家的出口配置应包含生产投入的普遍内容，但这些内容如何确定就不得而知了。

如何依据现实的复杂性来放松李嘉图示例的限制性假定，决定

[①] 感谢桑杰·雷迪（Sanjay Reddy）对这部分内容提出的批评和修改意见。

了我们能否找到唯一解以及如何求解。国际贸易模型的失败之处常常在于，唯一且意指明确的市场出清解，限制了这些模型的解释力。而且，无论是否存在市场出清的唯一解，我们都无法确保国际贸易的结果可以被归为某种唯一解或称帕累托改进，即贸易中所有参与方的经济状况都得到了改善。某些情况可能存在多个（或无穷）解，但整个"解集"涵盖了多种可能的国际生产分工方式。尽管每个解引致的增长幅度不同，且对各方的增长分配也有差异，但这些解都促进了所有参与方的贸易增长。在另一些案例中，最引人注目的是，当规模报酬递增时，某些国际生产分工将导致贸易损失，不仅是厂商层面的损失，也是整个经济体层面的损失。

由于对假定条件的不同理解，推论的核心结果可能存在不稳定性，这不是一个新问题。如何解决这一问题，在过去近百年中，是贸易理论的主要任务，也是比较优势多少有些权威的思维传统。当实际情形比标准模型中所想象的复杂时，某些比较优势模型仍认为自身的教条是稳健的。对此，尽管主流理论已经普遍不予置信，但非正式的反对意见可以追溯到 19 世纪。

当复杂性初现端倪时，质疑随即出现。长期以来，人们认为，一旦国家不止两个或商品不止两种（当然，往后都将如此），就将出现多个解（需要对现实作出进一步假定），或者无穷解（假定条件改变后），或者无解（假定条件进一步改变后）。当存在多个解或无穷解时，我们无法依据比较优势学说的评价标准对这些解进行优劣排序。上述评价标准，对于任何评价项目都是不充分的。

比较优势应对的是静态的效率问题。它无法说明，当技术或组织创新发生时，或当经济增长达到某个阶段时，历史是否存在其他的可能性。对于这些问题，我们可以利用现有资料在下一阶段作出回答。有哪些新产品？这些新产品有哪些可行的生产方式？引入增长和创新后，哪种分工产生的收益更大？是什么导致所有的生产过程及其应用的技术和操作具有关联性和相似性？是什么刺激国民经济的需求并超出其现有供给能力，从而使经济波动但不致崩溃？对于一些生产活动，我们已经了解如何复制，并熟知其生产方案和设备需求。但是，是什么促使我们将时间、精力和注意力从这些熟悉的生产活动中抽离，转而投入那些我们尚无能力复制的生产活动？

只有充分拓展比较优势理论的推理论证，我们才有充足的理论基础对专业化生产问题的多个解进行取舍。我们面对的问题，不仅是了解更多东西，而且是要了解不同体系内的东西。

我们很可能有这样的怀疑：未及丰富的比较优势分析提出了一些解决方案，尽管新的信息和洞见是用来对这些方案进行拣选的，但正是这些信息和洞见，可能很快就能引领我们识别之前未曾注意却可取易得的比较优势。于是，关于各经济体专业化生产的指派问题，是从已有的方案中进行拣选，还是寻求新的方案，两者的区别将开始消失。

对于那些具有比较优势的产品或服务，其生产必要投入品的相对价格的任何变化，或其投入产出相对价值的任何变化，带来的不确定性同样众所周知却不常被提及，但更加令人不安。劳动力——李嘉图示例中唯一的生产要素，与其他生产要素结合来进行生产，这被称为投入。而后，这些投入被用于制造出其他东西，这被称为产出。这些投入品之间的相对价值，或投入相对于产出的价值，发生任何微小的变化，都对比较优势具有重大影响。这种影响通常与其原因不成比例，正如希腊悲剧中，英雄人物的一点点瑕疵将无情地导致灾难。其结果可能是，比较优势分析中存在一定的多样性和混沌性（从数学的角度而言）。届时，识别比较优势的问题将出现许多个解，从中选取合适的解，则需要我们重新理解这些选项本身及其优点。

由于不确定性，比较优势学说具有不完备性，并因此受到批评。

现在，我们思考一下反驳这类批评的言论。每条反驳都针对比较优势学说的某一项限定条件，而这些限定条件使比较优势学说更加深刻。结果不是放弃批评，而是进一步深化批评。

一条基本的反驳意见指出，针对不完备性的批评，未能正确区分比较优势逻辑中外部和内部的不确定性。外部的不确定性在于，有太多不同的模型来分析比较优势，每个模型的假定条件不尽相同甚至互不相容（如关于世界范围内的生产技术水平是否一致），但所有的模型都推出了同样的实践目标——自由贸易具有优越性。内部的不确定性在于，针对比较优势的国际指派问题，上述每个模型都存在多个解。

对于比较优势学说的批评意见，直接聚焦于所有最具影响力的国际贸易模型都具有的内部不确定性。然而，内外部的不确定性相互关联。在本章的后半部分，我将讨论正式分析与因果推断之间独特而纯粹的关系。这种关系塑造了边际革命之后的经济学，同时，作为外部不确定性的最直接来源，也引发了李嘉图关于比较优势的思维实验：理论远离事实，并对事实断章取义。而且，这种关系也是内部不确定性的终极来源。

为了同一个目标——论证比较优势基础上的自由贸易的合理性，很多模型通过不同的方法得到了相互矛盾的推论。同时，依然是为了这个目标，针对如何在给定的国家安排专业化生产的问题，许多相当矛盾的模型作出了很多不同的回答。或者，这些模型必须使其对事实的限制条件更为简化和脱离实际，从而缩小解集范围，但分析的指导意义也更为有限。

第二条反驳意见，来自那些希望限制比较优势理论应用的人，而不是那些推广其应用的人们。这条意见指出，在所有过分合理的假定成立时，绝对优势取代了比较优势。如果一项生产要素（如资本）是可流动的，那么，该要素在各国的回报率是相等的。在亚

第二章　困境：比较优势的不完备性

当·斯密的旧观念里，每单位非流动要素（如劳动力）成本最低的国家将积累绝对优势，这是由非流动要素的成本与其生产率综合决定的①。

自由贸易的拥护者不能忍受挫败；普适性的自由贸易处方，不再建立于比较优势的基础上，也无法在绝对优势的基础上稳妥地重塑。的确，在我所描述的关于可流动资本与非流动劳动力的绝对优劣案例中，贸易增长却将扩大各贸易国可能的消费。然而，这也可能造成重大且充满冲突的分配结果。例如，当资本流出某国（为了追逐其流动性的报酬），劳动力收入将下降（由于就业或工资调整），而资本报酬就将上升。[在技术性文献的亥克歇尔—俄林模型框架中，这被称为斯托尔普—萨缪尔森（Stolper - Samuelson）效应。对此，我将在后文讨论。但是，此处的结果却是由一个截然不同的原因导致的。] 关于这种情形下的分配结果，冲突多半会使贸易所得失色。在此限制下，具备绝对优势的国家可能将在生产活动及产量上遭受灾难性的损失，尽管其食利阶层获取了利润。

第三条反驳意见指出，关于"高维贸易"（即两个以上贸易国之间，商品和生产要素不止两种）的大量文献显示，比较优势学说的结论，尤其是推导自亥克歇尔 - 俄林模型或与之相关的部分，被应用于复杂的高维情形后，仍能在很大程度上保持稳健。根据这条反驳意见，关于不确定性的争论无法合理解释，为何现有理论成功

---

①有人认为，绝对优势是不存在的，即使在特定的假定条件下，即使是比较优势学说最具影响力的亥克歇尔 - 俄林（Heckscher - Ohlin）模型（本章末注释里有讨论）的假定条件。他们是对的，但他们的表述有问题。他们的结论如同第十三声钟响，不仅本身可疑，也质疑了这座钟之前的十二响。在某些理论中，绝对优势可能不存在，但它存在于现实之中。在许多情况——尤其是上文所述当前全球化表现出的典型情况下，绝对优势的重要性可能超越了比较优势。有一个说法，经济学家一旦看见实践中存在某个东西，就尝试探究其是否在理论上成立。有时候，经济学无法做到这一点。

通过了高维应用的测试。

事实上，引人注目的是，高维理论十分注重产品和出口的组成要素。（李嘉图学说的原始表述虽不十分详尽，但更具深度和广度。这不仅是因为该表述超越了比较静态效率分析，将增长理论与分配矛盾相结合。）关于不确定性的争论核心在于，在某些给定的前提下，比较优势是否存在确定的配置形式。分析一般构成下的产出结果与不同生产要素的相对稀缺度形成的贸易品，只是问题的一个方面。我们需要了解的是，这个方面与该问题的其他方面充分联系，但我们对此缺乏足够的思考。

一方面是要素的相对稀缺度，另一方面则是贸易各方不尽相同的技术和组织能力。（国家在这些能力上的差异很重要，这是李嘉图比较优势分析的核心。然而，后世国际贸易理论，包括影响深远的亥克歇尔－俄林模型，都忽视了这一点，转而假定各国具有同样的生产技术水平。）

不确定性争论的关键问题，不是当前讨论所关注的要素相对稀缺度如何在不同的产品和出口结构中体现；如果我们汇总不同生产和组织能力的贸易各方的要素相对稀缺度，尤其是当我们承认这些能力不均一且可以改进时，会出现什么结果。

当我们将这一不可或缺的做法付诸实践，在比较优势（世界经济专业化分工的导向）的识别和指派问题上，得到唯一解甚或确定解的难度大幅增加。高维贸易的文献，并没有告诉我们什么是最重要的，反倒告诉了我们一些不太重要的内容。当给定一系列假设和限定条件以后，这些文献预测了一个国家一般的出口和产品可能的构成。在这些给定的假设和限定条件下，当国际资源有效配置时，上述文献对贸易各方可能的关系进行了限定。关于某些国家如何获得了新的能力和技术，我们并未达成一致。而另一些国家失败的原因，则能丰富我们的结论。因此，在世界经济中，某个特定的经济体如何发展其独一无二的专业化生产，我们还没有一半的基础来对此作出预测或推论。由于缺失的那一半基础，我们无法准确理解剩下的那一半。于是，琐碎的问题规避了不确定性，而琐碎的问题本身又在规避中被隐藏了。

第四条反驳意见指出，事实证明，国际贸易理论关于贸易结构的论述很有道理，而不确定性争论未能正视这一点。然而，情况恰恰相反。对于世界范围内的劳动分工情况，现有理论并未作出准确描述。值得注意的是，即使当我们论及其强项——解释和预测不同国家的出口构成，李嘉图比较优势学说有失败的传统。

为解释这些失败，莱昂惕夫悖论（Leontief）提供了一个切入点。与理论预测相反，莱昂惕夫发现，尽管美国经济中的劳动力相对稀缺而资本相对充裕，但当时美国的出口主要是劳动力密集产品。为了解释这个明显的悖论，许多人指出，这个现象再次证明，任何发达经济体最大的比较优势在于其生产的产品和服务所蕴含的创意和才能。这种财富比要素相对稀缺度效应更重要。

如果忽视创意型技能和技术的重要作用，那么，国际贸易的现象就解释不通了。在世界经济中，某个特定的国家应该发展并维持怎样的专业化生产？针对这个问题，作为对前文反驳意见的回应，沿袭李嘉图的逻辑，考虑到我们在比较优势中设想的国际能力差异，寻求唯一解或多个确定解的难度极大增加。根据事实进行推算的难度，与在理论上得到结论的难度，都来自同一个根源。

为了应对比较优势学说的第一类不完备性，我们不得不超越静态效率问题所想象的不考虑时间的世界，转而考虑蕴含巨变机会且具有时间轴的真实世界。静态效率分析中的多个解、无穷解或无解，都给我们一定的启示。但是，当我们将这些来自理论殿堂的启示落到实地时，应该如何准确理解其实践意义仍不明朗。我们从真理中领悟的意义，取决于我们错过的那些真理所蕴含的意义。

不完备性：我们构建比较优势的整体能力的限制，其不确定性引发的困惑

比较优势可能是创造出来的，也可能是被发现的；这个推论几乎和比较优势概念本身一样古老。本章末尾注释中所讨论的一些学术发展，使上述论点得以强化。这些学术发展包括，在生产规模报酬递增而非不变的前提下，探讨贸易的影响。

然而，当我们试图理解国家、厂商和政府力量的形式及其限制时，当我们试图建构或重构比较优势时，我们很快就遇到了麻烦：我们所能接受的对经济活动的思考方式，其造成的问题无法完全解决。这个问题的本身，交织着理论的迷思和实践的需求。理论的迷思在于，如何将比较优势可以被创造出来的理念，从比较优势可以依据计划自上而下创造出来的理念中分离出来。实践的需求在于，如何构想一个社会赖以创造比较优势的制度和实践。

首先，从厘清概念入手。自然的比较优势总是与习得的比较优势相矛盾。然而，更为基础性也更有用的区别在于，比较优势是给定的，无论是否由自然条件赋予，还是构建出来的。这第二个区别，同时也是更基本的区别，不同于将当前的比较优势视为给定的思路，而是将其作为新的比较优势的形成：这是宿命论和意志论的差异。

从最广义的层面来思考比较优势构建的问题：何者能够和应该成为构建的主体？有两个备选者，即市场和政府。传统上，认为两者的主体性是负相关的：一者力量的增强，理应对应另一者力量的削弱。在选择市场或政府作为比较优势构建的主体时，也出现了类似的困境。问题在于，构建比较优势的过程中，现有的经济和政治生活的形式有所不足。试验是必要的，进而将试验验证的洞见进行推广，而不是通过蓝图规划事先做出决定。然而，无论是市场经济

还是民主政治,都无法在当前的组织形式下提供试验的载体。

你可能认为,这个世界的组织形式使其总是在自我复制,并不能形成洞见来推动变革,从而自我修正。但是,如果你这样想,你就错了:这个世界,或者说其任何一部分,其组织形式或多或少总倾向于维持其自身的安排,同时也维持建立在其基础上的生产分工方式。

任何一种真正的市场经济,在资源使用权和生产机会上的分配都是不均等的。但是,根据其经济、社会和政治布局的特点,某些市场经济的分配比其他市场经济更为均等。任何试图拓展这种资源和机会(比如,美国19世纪的农业与金融业的民主化)的努力,都将重构那些定义了市场经济的制度和实践。这样的观察结果,引发了一个联结了经济的内部和外部组织架构的实证命题,同时,该命题可以在历史先例和比较研究的基础上得以证明:一个市场经济提供的机会越少(即越多的人被其整体排除在外或以不均等准入接纳其中),那么,这种市场经济作为一个试验工具的性能就越差。这个试验包含了维持新的比较优势可持续发展的安排,也用以证明在此安排下形成的世界经济新的生产分工。

任何一种具体的市场秩序都是基于某种具体的组织架构。在一种市场经济的抽象概念与其具体的制度安排实现之间,存在不确定的距离。市场经济的每一次决定性的机会扩张,都需要制度形式的创新。关于市场的某些制度化的表述,比其他同类表述更具有社会融入性。看起来,这些表述将允许更多的个人和厂商接触到工作和生产的核心资源。

论证至此,我们触及了一个可能具有重大意义的关键点。市场经济不仅可能在扩张机会的能力上有差异,也可能采用不同的方式在一国确定其自身的唯一形式:唯一的合同和产权体系;关于生产、交换、储蓄、投资的唯一管制系统。

尽管在原则上认可市场采取多种制度形式，但这一提法无论在理论推导还是实践政策中都十分薄弱，以至于我们很少注意到这个提法的一个推论：如果一个市场经济内存在不同的制度设置，那么，就没有理由不允许这些不同的制度在同一国的经济内共存。例如，可以针对私有产权和社会产权做出不同的制度安排，而不是采用唯一的产权体系。这些不同的制度安排，可以应用于不同的生产部门或不同的生产规模。在某种程度上，或许可以允许参与其中的经济主体对这些制度安排作出选择。

这种面向制度多样性的进程，不仅与市场经济的理念相容，也保持了市场经济生机勃勃的原动力。我们为什么要一边推崇尽最大可能实现生产要素的自由结合，一边否定自己对于涉及生产和交换的制度环境因素的试验能力？这种否定不仅出现在面对质疑的时候，而是一如既往地存在于每一个小步骤中。在同一经济秩序中，不同形式的市场经济的共存，可能会面临障碍。但是，这些实践问题自有实践的解决方案，这将会影响变革的步伐和形式，但不会影响变革的方向和目标。凭借其自身对培育生产潜力的作用——表现为构建国际贸易中的比较优势，面向制度多样化的进程得以被部分证明。

正如我们无法从市场经济的抽象概念中推知其在实践中的普惠性，我们也无法从这个概念中推知市场经济所需要的具体制度和措施。作为边际主义传统的完美产物，一般均衡分析掩藏了上述事实。一个经济可能"处于均衡状态"，同时或多或少存在一些真实的机会。这个经济也可能在其他制度安排和法规体系下"实现均衡"。

经济机会的限制，可能表现为市场出清行为遭遇的刚性障碍，以及允许某些特权阶层从其他非特权阶层获取租金。但是，这些限制可能是（而且通常就是）隐形的，藏在"无法设想其他制度安排"的假定中。回到19世纪美国的例子上来，"英国式"的土地集中，通过相互合作竞争及与国家或当地政府进行策略性合作而获利，但使家庭农场失去了机会。直到美国（及其欧洲大陆的同类国家）采取的替代性措施有所发展以后，上述事实才变得清晰。类似地，国家银行管制下的金融集中体系，一度因其可从公债中轻松获利的预期而光芒万丈。但直到高度分散化的信用体系建立起来，人们才清楚地意识到这种集中的金融体系剥夺了生产者和消费者的金融机会。认识到机会剥夺靠的是回溯，而不是事前预期：典型地，这种认识取决于发现组织经济活动的其他方式，也依赖于真实利益的尖锐冲突，要发现其他方式就无可避免地卷入这种冲突。

作为历史经验和实践判断基础上的民主赌注，最能够充分发掘机会来创造比较优势的市场经济，在我之前描述的两种相关的方面，最能够进行自我修正：一方面，在更多领域内给予更多经济主体以更大的使用权；另一方面，尽可能将自身从单一、教条、根深蒂固的表述中解放出来。典型地，拓展使用权将引发生产和交换领域的制度安排创新。但是，这些创新并不能由先验的一般范式给出。所谓计划，是不存在的。

正如 19 世纪美国的农业和金融业改革一样，即使因为某种具体经济制度安排持续有效而对市场经济理念产生了迷信式的困惑，经济活动的制度框架仍有可能为了拓展使用权和机会而被修正。不过，一旦这种迷信在实践和思想上被推翻，制度修正的前景将大为看好。

在思想上推翻这种迷信，即认识到市场经济可以采用截然不同的制度形式，包括不同的产权与合同体系，以及涉及政府和私人生产者的不同的处理方式。当前的先进经济体建立起来的制度形式，代表了大量开放的可能性中的一个部分。

在实践上推翻这种迷信，即在统一的经济秩序下构建包含多种形式的市场经济，每一种形式都是进一步制度试验的起点。这些不同的形式将包括不同的私有和社会产权体系，以及私人、社会和政府能动性的不同结合方式。无论是指派给不同的生产部门和规模，还是由经济主体自行选择，这些不同的体系和结合方式，将在同一个国家或地区的市场经济内试验性地共存。

市场经济无法创造其自身的制度假设。这种假设来自外部，来自政治。借助自身的强弱利益结构，现有的社会可以实现自我复制。在著名的迷信中，有一些共性，比如，相信市场秩序只有一种自然的且必要的制度形式，或者，相信世界范围内的不同国家将通过普遍的演化形成唯一最优的实践和制度安排。这种自我复制的努力，将限制新的市场组织架构和新的比较优势赖以发展的试验性创新的机会。当前的自我复制，依据给定的利益和可操控的权力工具开展行动，将透支未来的利益。

最终，未来对于当前仅有的两方面依赖，即社会经验的路径依赖，将被削弱。一方面，形成强力将自身从特定的社会利益中剥离。另一方面，在文化和政治领域，强化民主实验主义。第一方面的做法，直击棘手的限制。只有与真实的社会利益产生实际联系，同时不忘将试验服从于自我维护政策，这种强力才得以持续。

第二方面的做法，在原则上无所限制。但是，这种做法不存在一种不证自明的制度内容，也没有命中注定的社会支持。正如市场经济的概念一样，民主的概念也没有任何自然的且必要的制度形式。而且，只有当民主制度允许各种利益集团获取未被现行制度赋予的利益，强化民主才是可行的。而这种民主的内容，则是根据现有的制度安排进行的政治设想。这种民主制度的支持者，将与该制度同步出现。

现在回到前文的论争。关于我们构建和重构比较优势的能力，我们对其实质和限制存在困惑。而狭义理解的经济分析，并不能解释我们的这种困惑。我们必须跨越藩篱，对形成我们所承袭的比较优势观点的静态效率分析进行反思：这种观点错误地认为市场经济存在唯一的自然的形式。该观点的最优制度形式，也是构建比较优势的最具前景的模板，是对更大层面上的更多经济主体开放更多使用权，同时也对自身属性（无论是经济方面还是永久层面）做出最少的限定。没有任何一种制度定式可以确保上述结果。问题在于，如何通过具体安排，使得制度满足这个目标。

这里，我们对同样的理念做出不同的表述。市场是指派和形成比较优势的最佳机制，但我们指的不是任何一个真实的市场，而是市场的概念。任何真实的市场经济，都或多或少无法表现这个概念。这既是因为真实市场的机会受限，也是因为市场经济的理念被确定为几种限制性的形式。虽然，比起某些市场经济的形式，另一些具有更强的自我修正能力，但现有的市场经济永远不能实现完全的自我修正。那些具有更强自我修正能力的市场经济形式，在拓展机会方面最为慷慨。这些市场经济是最为多元的形式，在同一经济秩序内存有不同的市场秩序，包括多样化的产权和合同体系。

包容性和多样性，这两个特点是相互联系的。典型地，市场经济在包容性上的一次决定性的进步，即在更大层面上向更多经济主体赋予更多使用权，需要制度形式的创新，正如19世纪美国历史实例所展现的那样。但是，如果既有的安排已经包容了对于市场经济的不同制度解读，那么，创新所面临的限制性障碍就更少，此外，进一步创新所需要的资源也将更加丰富，而且将更少地依赖于危机和冲突。

因为，市场经济不能创造其自身的制度前提，也不能完全修正自身在包容性和多样性上的不足之处。因此，我们有必要跳出市场，从政治的角度来思考。或许，我们接下来不得不寻求一个计划。这种计划最激进的版本是政府对经济的某种指导。但是，这种计划也可能呈现为一种自上而下的策略形式，由政府及其官僚机构决定要创造何种比较优势。或者，这种计划的形式也可能是新颖但仍教条的概念体系，规定了市场经济应该如何组织安排。这其中的整个问题：在实践和思想上质疑，在不采用计划的情况下，真实市场何以成为市场理念的代表——尤其是何以成为创建和应用比较优势的环境。

这不仅仅是理论上的迷思。这个问题也关乎市场经济和民主政治的反思和重构。关于比较优势及其构建所面临的限制的争论，通过上述问题得以与民主实验主义相联系。

因此，在提及比较优势不完备性的第二方面时，我们必须超越静态效率框架。在此框架中的市场，要么完美得足以发现和创造比较优势，要么不完美到亟须通过本地化的规制措施来修正。我们需要进入另一个框架，其中的市场经济和民主政治的制度内容都允许讨论。在这个新框架中，我们不再一味相信市场经济或民主政治的组织架构能够显示或构建比较优势。

不完备性：因世界被划分为主权国家而造成的尴尬

比较优势学说的第三类不完备性得到的关注最少。但是，对于我们有关自由贸易的惯常思路，第三类不完备性产生的影响最为明显，也最具颠覆性。

人类社会的政治分割及其引起的一切相关内容，将贸易行为从一般性的市场交换中区别出来。我们认为，世界被划分为不同的主权国家，以及其他基于主权特征的超国家或次国家主体。我们关于自由贸易的实质和益处的概念，与这种划分有何关联？在实现自由贸易的益处时，这种划分是阻碍，还是机遇？促成这种划分的利益和理想，与理应引起自由贸易的利益和理想有何关联？

你可能认为，在任何有关自由贸易的讨论之初，就应该提出上述问题。但恰恰相反，这些问题几乎未被提及。关于比较优势的理论阐述，几乎完全规避了上述问题，相应地，这些问题也造成了不可逆的结果。作为贸易发生的基础，政治分割体系像是一种既定现实。在自然科学中，我们习惯将其称为边界条件。

政治分割体系不是自然现象，而是通过我们的意志和想象构建出来的，其未来基于人类进行改革的合力。对于世界上国家和类国家实体的划分以及跨越这种划分边界的经济交换的形式，只有进一步理解两者的关系，我们才能准确把握自由贸易的本质及其未来走向。从自由或非自由贸易的人为政治背景所进行的不合理且不被认可的附会中，我们要将比较优势的理念剥离出来。唯有如此，我们才能对比较优势的理念有正确的认识。

现存的国家形式是贸易的自然前提，我们习惯性地将其与一系列特质相联系。在这些特质中，劳动力跨国流动的权利，为广义的市场交换甚至自由贸易正名的动力最大，同时也对人类社会当下的处境产生了最具决定性的影响。国家的存在并未内生地决定任何一种针对劳动力国际流动的限制，因为国家作为人类随机应变的产物并不具备必然的属性。然而，针对人员跨国流动的限制，却总是与现存的国家类型相联系，并对社会生活的方方面面产生了如此深远的影响，以至于普遍赋予人们出境定居和工作的权利将彻底改变人类社会政治分割的内容和结果。

根据传统的狭义解读，我们的常规理念建立在给定的或者构建的比较优势基础上。从上述常规理念的核心立场出发，就效率而言，没有政治分割的人类社会比较好。没有了这种分割以后，贸易限制的主要历史依据也将随之消失。贸易将不再具有特殊性，而与广义的市场交换一样，建立在专业化生产和劳动力分工的基础上。

同样是上文的效率，从广义上定义，包含了生产要素分配和重组的最大可能性的自由。从这个角度而言，对于劳动力流动的一切限制都是邪恶的。考虑到主权国家造成的这种限制的程度，效率（即传统意义上理解的效率）的拥趸有理由对主权国家的存在深表遗憾。但是，如果主权国家可以适应劳动力流动的广泛自由，那么，其存在造成的障碍将小一些，至少从市场交换和专业化生产的效率来看是这样。

我们这样说，并不否认引入劳动力跨境流动的普遍权利（即使是逐步引入）将面临严峻的困难和大量的危险。但是，众所周知，通过扩大贸易自由和组合生产要素，效率将得以提高，而我们为一切相关政策指明了方向。这个方向，超越了其路径上的任何一个具体步骤。

关于国家划分和劳动力不可流动的政治背景，我们惊异于有理由对此提出反对的人却很容易接受了现实。我们刚刚开始从这种惊异中回过神来，就发现少了其他的什么东西。在政治分割下考虑经济的重要性时，经济活动至关重要的一项益处缺失了。一言以蔽之，这个益处就是多样性。人类社会的政治划分，就其功能性而言，与人类作为自然进化主体而形成的特殊物种存在部分相同的意义。

在人类社会的政治分割中，主权国家的存在只是一种特例，而政治分割大幅扩展经验、视野、组织和行动上的多样性。在过去的两个世纪中，国家在很大程度上已经成为了民族的政治组织，或者是国家造就了民族。关于这两者各自的存在，最引人注目的理由是，国家和民族代表了人类社会道德分异的一种形式，其中内嵌和生发了不同的生活和认知。人类社会的构成，超越了其构建和从属的一切具体的社会及文化结构，以至于人类社会的各种势力只有朝向不同的方向才得以发展。不同形式的认知，只要未以社会实际安排（包括经济协议）的形式表述，就总是易于消逝也没有保障。如果缺乏这种表述，各种认知就有弱化为传说或空想的危险。

不同的国家或人类社会可能出现的其他政治分割的存在，永远在诱发经济安排及其他制度和实践的多样性。政治分割造成了实质性的差异：就业和整个经济组织架构上的差异，以及产品范畴和本质上的差异。对于"哪方面的多样性?"这一问题,答案是经济生活方方面面的多样性,从最基础最不可见的领域到最具体最可见的层面。政治分割将世界划分成不同的国家,其诱发的多样性,在最基本的层面上,可能包括了有更大的机会发展出新的原创制度安排。这些制度安排涵盖了产权和合同体系,以及体现市场经济特色的政府权力与私人企业的关系。上述多样性可能关联着就业安排、技术发展和传播、人与观念及机器的结合。因此,这种多样性可能也涉及生产技术的设计及应用。在经济活动的表层,这种多样性可能作用于产品和服务的范畴,也影响着消费欲望的构成。由于不同国家的经济在各个方面存在差异,一个民族更可能发展出独特的经历,并采用与众不同的政策安排。经济的各方面特征渗透于该民族的生活,因此,可能发生最初的转变。

这种多样化的进程,看起来过于明显,甚至都不值一提。然而,令人惊讶的是,多样性与效率(狭义理解上的效率)之间的首要联系,在比较优势的经典概念体系内竟无一席之地。

当我们思考贸易时,不应局限于寻找给定的或构建的比较优势的最高效用途,包括据称可以优化贸易各方现状的途径(即所谓"帕累托改进")。在一定的制度和假定框架下这样做,才是至关重要的。而这种制度和假定,在极大甚至更大程度上,能够提供多样性所需的珍贵的原材料。由于效率与这个独特的目标相交织,我们对于效率在理论和实践上的理解都有所改变。

正如我所指出的,世界被划分为不同的国家或类国家实体(即使它们只是联邦内的成员州),是国际贸易理论的决定性前提。如果没有上述划分,贸易将降级为市场交换,而适用于后者的理论将同

重构自由贸易：国际劳动分工与经济学方法

样适用于前者。①

但矛盾的是，从效率和比较优势的传统观念出发，不同国家及其对于劳动力国际流动的有力限制，必须被视为一种障碍。也许我们必须屈从于这种障碍，但这仍是一种障碍。

与静态效率的评价标准相反，人类社会政治分割在我们归为多样性的方面作出了贡献，从而体现了其经济价值。在标准的经济和贸易理论中，这种分割理应被视为一种偶发的边界条件，甚至是一种任意的且代价高昂的负担（尽管如果没有这种分割，贸易与市场交换的区别将不复存在）。上述认识再次证明了标准的经济和贸易理论的一项显著的脆弱性：这种理论无法正视多样性，也无法将其作为一个经济目标上升到与效率同样的高度，而这正是我们追求更高目标的必要非充分条件。就这个角度而言，这种认识与当代（盎格鲁—美利坚）自由主义哲学中最具影响力的形式如出一辙，都坚持将多样性置于我们的掌控之中，而不是像米尔（Mill）、托克维尔（Tocqueville）、赫尔岑（Herzen）以及洪保特（Humboldt）那样将其视为我们需要创造的目标。

什么样的经济理论将会深化多样性（包括借以定义市场经济的制度安排上的多样性）作为一个中间目标，并将其与在给定的制度安排基础上实现资源有效配置放在同等重要的地位？相比于许多既定的经济学原则，上述理论可能在方法、特性和方向上都大为迥异。

---

① 保罗·萨缪尔森（Paul Samuelson）及其后的阿维纳什·迪克西特（Avinash Dixit）和维克多·诺曼（Victor Norman）提出的"一体化世界均衡（integrated world equilibrium，或称 IWE）"理论已清晰地阐述了这种下降的可能。IWE 是指当世界是一个单一国家且生产要素得以自由流动时形成的均衡。正如我们在本章末尾注释中所讨论的，在亥克歇尔－俄林模型关于比较优势的要素价格均一化假定下，当世界被划分为不同国家时，其均一化的要素报酬与 IWE 相同。当然，产品和服务在哪里生产，以及要素报酬在哪国积累，都将完全取决于政治分割是怎样的，也取决于要素的所有权如何归属，即"要素禀赋"。

对给定或构建的比较优势基础上的自由贸易学说进行反思，比其他任何做法都更能预测上述理论的效用。

通常情况下，不同国家或类国家实体的存在，总是伴随着对劳动力跨境流动的强有力限制。但是，全球政治分割，以及分割下的不同领土对劳动力的圈禁，这两者之间的关系是偶发的，也是可以调整的。相比现有情形，更大程度的自由流动在事实上是可以存在的。而在19世纪早期的全球化进程中，更大程度的自由流动也的确在分割的现实和原则下存在过。

实现生产要素最大限度的自由组合，这一简单的逻辑指出，劳动力需要谨慎地逐步获得最大可能性的自由，从而依据其意愿在世界各地工作。要实现这一点，最明显的要求是人员流动千万不能因为补偿性动机而太大量、太突然或太不均衡。这种补偿性动机可能引起流行性的政治反应，从而威胁到国家的多样性以及其境内形成的独特的生活、认知和组织形式。

同样，由此看来，如果世界上不同实体的分异和反抗力量削弱，那么，政治分割可能将不再易于促成经验和试验的多样性。由于国际经济体系的形成，例如19世纪金本位制度或其同期的同等功能制度（这些策略默许国内低储蓄率、储蓄—生产弱关联、依赖外国资本并允许其出入自由），各国政府得以携手，金融市场得以否定其认定的异端和冒险行为，从而间接消弭了政治实体的分异和反抗力量。在一国对另一国的政治和经济屈服中，这种力量也会削弱。

当大卫·李嘉图提出其著名的英葡两国纺织品和葡萄酒的例子时，葡萄牙的地位略高于英国的保护国。当时，葡萄牙的葡萄酒贸易正日益处于英国的掌控之下；其借此进入其他生产和贸易线的能力，受制于其自身在涉外经济规划中的地位。但是，在删减后的比较优势学说里，上述现象没有一席之地，因为在针对效率的要求和彼此关系的多样性方面，该学说所形成的思维模式并不存在更多的可能性。

　　假设人类社会未被分割；假设存在一个世界国，其中不认可任何实质性的政治分割，甚至不具备那些属于联邦或邦联的特质；假设贸易的概念因此不再区别于广义的专业化生产者市场交换；世界上不同的国家将不再承受创造分割所形成的负担，而它们已经承受了太多这种负担。这种负担来自统一秩序内部存在不断深化差异的动力，尤其是法律体系和经济组织的差异。

　　我们更有理由支持这样一种经济秩序：例如在不同的经济部门或不同的生产规模上，对于市场经济的理念，允许不同的法律实现方式试验性地共存，包括不同的私有和社会产权及合同体系。只要不同的国家继续存在，作为不同政治实体的代表，多样性将被内化。为了我们的解放和充实，多样性也应该被内化。

　　当提及比较优势学说的第三类不完备性时，我们超越了静态效率分析。对于比较优势赖以选择性发挥作用的事物，我们分析了其形成和分化。如果我们拥有选择性发挥作用的比较优势理论，但缺乏事物多样性的理论，那么，我们只拥有了所需要理论的一半。我们再一次发现，对于经济中的任务分配问题，只有正视其中的大量可能性，我们才能处理这个问题。对于我们所掌握的部分，我们不敢妄称理解其内涵，除非抓住了我们错过的那部分。有一个非常值得注意的悖论：一方面，人类社会的政治分割是贸易理论的前提；另一方面，从促进事物多样性的立场来看，政治分割的重要性、变化形式以及可能的等效替代物都显示了贸易理论一贯都是盲目的。

超越不完备性：后边际主义经济学与物理学的虚假相似性

　　比较优势理论，虽仍然是既有的自由贸易思想的核心，但在我之前描述的三个方面，现在是也将继续是不完备的。问题不仅仅是缺失的关键要素在政策和理解中不可或缺。问题是我们对已拥有部分的理论和实践价值一无所知,除非将其与我们缺失的部分结合起来。现有的经济分析范式,既不能找到缺失的部分,也无法掌握不完备性的核心和影响。

为了进一步理解上述情形造成的影响,一种方法是将遵循19世纪边际革命传统的经济学与物理学相比较,尤其是比较两者的因果解释和数学表达之间的关系。两者在此关系上具有根本性的差异,而这种差异显示了比较优势学说(以及现有的广义的经济学概念)的不完备性,同时也阐明了克服上述不完备性的方法。

作为最艰深的社会科学,同时也是与数学关系最为密切的社会科学之一,经济学看似追随了物理学的足迹。经济学界许多领军人物也是这样认为的。熊彼特(Schumpeter)曾指出,如果边际革命可以与牛顿的变革相提并论,那么海地独立革命也可以与法国大革命同日而语了。但是,由于欧洲的偏见甚嚣尘上,他在贬低边际革命所带来的大量学术创新的同时,也认可将经济学与物理学类比。

在牛顿用他(与莱布尼茨)发明的伟大数学工具——微积分来表述运动定律,并以其独特的能力写出适于表征随时间变化的力学方程之前,他已经凭直觉了解了运动定律的实质内容。事实证明,在联结科学和数学的历史中,数学表达里的物理直觉是典型性的,也是至关重要的。这也引起我们注意到持续笼罩在这种联结中的迷思。

物理学中"数学不可理喻的有效性",在其对时间内外事物的联结上造成的影响,具有最大的迷惑性。因果关系的形成有时序性;因先于果。如果时间不是真实存在的,因果关系也将是虚无的幻觉。但是,数学或逻辑上的前提与结论的关系,存在于时间之外,尽管我们对该类关系的推理是在时间内并受时间约束的过程,其经历是一次心理事件。数学或逻辑推理的永恒性,即不能将其称为受时间限制，即使当数学（如微积分）描述现实中完全受时间影响的变化时，永恒性依然成立。

在这一科学传统下，从思想的内部机制到自然的谜题，必须谨慎地使用数学。当需要阐释的现象出现以后，当关于自然机制的物理直觉形成（如例子中的牛顿运动定律）以后，数学概念才可能被创造出来。或者，数学概念也有助于提示尚未形成的物理直觉（如当代的弦理论）。但是，无论是哪种情况，主体事物仍然是自然世界的一部分：自然世界有能力挑战我们的因果推断，也有能力超越我们赖以形成和发展这些推断的数学工具。

牛顿为科学领域贡献了确定性物理学最重要的模型，这一关联性的因果推断体系，穷尽地决定了其范畴内的一切事项，并通过方程进行了充分阐述。但是，我们应该想一想，在19世纪90年代，当庞加莱（Poincaré）遭遇牛顿天体力学的迷思（后世称为三体问题）时，到底发生了什么。一个大行星与一个小行星，都受到一个恒星的引力作用并围绕其运行。大行星足够巨大，不会受到小行星引力作用的影响。根据开普勒（Kepler）和牛顿的定律，大行星将沿可预见的椭圆轨道围绕恒星运转。然而，在明显不高的复杂程度上，我们无法利用牛顿运动定律推算小行星的运动轨迹。

首先，当我们把李嘉图关于葡英两国葡萄酒和纺织品的例子复杂化，考虑两个以上国家以及两种以上商品时，比较优势理论所面临的困境，与上文的三体问题可以类比。比较优势的指派问题是有多个解、无穷解还是无解，取决于我们如何假设这个更为复杂的情形，也取决于我们对解的构成如何判定。然而，三体问题的后续历史恰恰表明，在主导性的解释方式上，物理学与经济学存在深刻的差异。

在牛顿物理学的框架内，庞加莱对三体问题的一个解进行了证明。但米塔格－莱弗勒（Mittag-Leffler）在该证明中发现了错误，这促使庞加莱在 1892 年到 1899 年期间发表了"天体力学的新方法"。庞加莱不得不将更为复杂的情形归为一个"不可积分的体系",因为牛顿的微分方程已然不足以对其进行分析。为了理解该体系内的长期运行状况,他选择较少地关注周期性运动,而将重点转向"唯一的缺口",借此进入"迄今难以接近的堡垒"——非周期性运动。最终,他不得不开创了全新的数学分支——混沌理论。当系统对初始条件最细微的变化也高度敏感时,混沌理论适用于该系统的数学表达和分析。只要有可靠的计算能力来确保算出不同初始条件下的结果,那么,混沌理论并不否认计算出三体问题中第三个天体运动轨迹的可能性。但是,混沌理论列示的这种统计学或概率论的测定形式,与牛顿物理学及其数学体系都有所不同。

但在现代物理学的历史上,上述事件并非一个例外,而是具有典型性的。无独有偶,近百年后的 1980 年,米哈伊尔·格罗莫夫(Mikhail Gromov)在其研究的体系内,发现了经典力学的结果和原则的不确定性,这关乎信息产生和传播的难题。神奇的自然再一次叩门了。关于自然规律的物理直觉,再一次需要借助数学上的创新来发展(在这个例子里的相关创新是"超平面"几何学)。

在实证研究、因果推断以及数学发现方面,比较优势的理论沿革,并不真实具备同等卓越非凡的分支。囿于其日后形成的分析范式,比较优势的理论沿革也无法形成这样的分支。相反的数学表达提供了有关问题本源的线索。我们希望解出的比较优势方程组,服务于比较静态分析;其中并不包含真正的动态。李嘉图从其所举例子推理出的初步结论,进一步形成了无可变更的逻辑,尽管其魅力就在于结论与我们的直觉相反。他的思维实验所形成的极简表述,与后世理论的简化版有相似的特征,尽管两者内容不同。(后世理论中,最具影响力的当属亥克歇尔-俄林(Heckscher-Ohlin)模型,本章末尾注释有所讨论。)其后,经济学从边际革命到一般均衡分析的发展路径，肯定了这种分析范式，巩固了其特性，并将其纳入体系之内。

牛顿所描绘的自然规律，外向地观察了真实世界的时间和因果，其提出的观点并非是在一套设定的前提下进行的逻辑推理。李嘉图的思维实验是内向的，用单纯的逻辑推理得到了少量限定事实的出人意料的结果。这种实验指望充满限定的想象世界有助于我们更好地理解充满因果关系的真实世界，而这种相关在此后的经济学中被发扬光大。牛顿的运动定律，要求数学能够描述时间轴上的整个动态系统的运动。李嘉图的比较优势思想，只需要一种适于发现逻辑结果的数学形式体系，能有比较静态分析则更好。［但是，由于李嘉图对玉米法案的反对，他与那些站在他肩膀上的比较优势理论家不同，我们有理由认为他将其关于英国和葡萄牙的思维实验作为一种增长的理论，而不仅仅是一种静态效率分析。根据斯拉法（Sraffa）的精神，李嘉图的逻辑中暗含的增长理论，促使自由贸易推动了储蓄者（如作为假定的增长主体的企业主）与非储蓄者（如地主和工人等经济发展客观需要的牺牲者）之间的收入平衡。对"更高维"贸易的所谓科学家而言，没有什么理由比这更令人尴尬了。］由于牛顿的外向型方针，一旦其物理学及数学被发现无法涵盖三体问题，一套新的物理学及数学思想就无可避免地被创造出来解决这个问题。其结果就是庞加莱的"天体力学新定律"及其混沌数学理论，从而用一种因果推断逻辑取代了另外一种。李嘉图的思维实验从一开始就注定不完备，因其过度简化假设前提以期反映一个不可名状的混乱世界。任何一次发现不完备性（例如前几页所述形式呈现的不完备性），都不会必然动摇其结论，因为不能确定不完备性是问题所在或只是一个局部。对于这样的"牛顿"，没有相应的"庞加莱"。

相反地，随着边际主义经济学的兴起，上述两种学术方向的差别变得更自觉也更彻底。曾经作为临时工具的李嘉图（Ricardo）策略，开始表现为经济学的正途：经济学变为严肃科学的最佳途径。回顾往昔，无论就其方法还是实质而言，比较优势理论都曾是经济学中最独树一帜的学说。关系到因果解释和数学分析的截然不同的方法中，其最终浮现出更大的学术意义。

被宣判永远长不大：边际主义开创方法的影响

19世纪末期，由瓦尔拉斯（Walras）、杰文斯（Jevons）、芒格（Menger）及其同时代人和学生发起的经济学分析范式革新，传统上被称为"边际革命"。边际革命在后世引起的最卓越的学术成就是一般均衡理论。现在，我聚焦于这次充满局限性但意义重大的重新定位，这对理解其衍生出的经济学特性十分关键。如前文所列举，比较优势学说存在三个方面的不完备性，这一类的经济解释都具有典型的不完备性。因此，聚焦于边际革命后的重新定位，对于任何想要理解并克服上述不完备性的人都是至关重要的。本书贯彻始终的主题是，如果囿于传统的自由贸易经济理论，我们就不可能对贸易和全球劳动分工问题有更深的理解，也不可能消除自由贸易学说所承载的一些迷信。

从亚达·斯密到托马斯·马尔萨斯（Thomas Malthus），英国古典政治经济学已经形成了融合逻辑分析、因果解释以及规范论证的方法来思考经济生活。尽管大卫·李嘉图的比较优势分析及其为之创立的思维实验都具有局限性的特征，但他本人对古典政治经济学的传统做出了贡献。英国古典政治经济学是一次学术实践，对不同的经济现象提出了大量因果论断。古典政治经济学并未从其他学科借用这些论断；而是在自身发展过程中，自担风险地形成了这些论断。同样地，由斯密的著作看来，基于人类本性及其历史发展的观点，古典政治经济学的因果技术必然指向未实现的各种可能性。

卡尔·马克思（Karl Marx）及其他人反对这种传统。马克思在其论文中提出了反对的基调。他认为，英国经济学家们所谓经济生活普遍永恒的法则，实际上不过是一种具体的一段时间内的经济秩序的规则，即"资本主义"①。这种对于具体性和过渡性的错误普遍化，不仅导致人们缺乏对多种可能性以及变革机会的想象，也歪曲了资本主义秩序的作用机制。

马克思将古典经济学的许多理论（包括李嘉图（Ricardo）的劳动价值论）都纳入了一个更为宏大的历史叙事，从而解释了资本主义及其必然被改变和被替代的机制。马克思与那些被他批判的经济学家有许多相似之处，其中之一在于，他敢于给出因果解释。通过对历史经验的解读得到因果推断，以及这些推断本身，都是其《资本论》的核心内容。

马克思的因果推断体系聚焦于一种格式化安排和假定的深层结构。这种安排和假定，正是交换与生产、工作与生活等日常行为的基础，也塑造了这些日常行为。不可见的格式化结构与可见的格式化日常行为，其中的差异正是马克思与19世纪欧洲的其他许多具有影响力的社会学家共同形成的概念。与其他人一样，对于马克思而言，基于深层与表象差异的因果解释，需要一系列相关的必然性的

---

①我在本书中使用"资本主义"和"资本主义经济"这样方便而传统的术语，用于指代过去数个世纪中在北大西洋诸国实施的市场经济形式，也指代许多世人眼中所见的那种经济典范形式。卡尔·马克思及其追随者或多或少地将这种经济制度作为一种给定内容和细节要求的个人主义，对此，这种经济制度的拥趸通常表示同意。那些宣称不接受"资本主义"假定的人，仍在继续使用这一术语，从而表现出其未能理解其自身观点的内涵。结果是，资本主义的概念已然陷入极度混乱，以至于想要厘清概念已经没有意义也不可行了。参见我的著作《社会理论：现状与任务》（Social Theory: Its Situation and Its Task）》（Verso，2004年），第101—109页，标题"资本主义概念的困境"（"The Troubles of the Concept of Capitalism"）下的讨论部分。此处，我用这个词语指代关于市场交换的一种占优势地位但并非必然的组织方式。在开放国际经济的大背景下，日益兴起的世界贸易体系就是要在人类社会推行这种交换组织方式。

假设。

这些假设中的第一条是不可分性,即马克思生产模式中的经济和社会系统是一个不可分的体系:其所有部分同时存在或同时消失。第二条假设是闭合性,即人类社会受限于少数几个不可分的制度选项,并根据既定的演化顺序在几种制度中切换。第三条假设是类法律进程,即类似法律的力量控制着发展进程。格式化的制度和意识形态环境间断性,影响着日常的冲突、生产和信仰。时至今日,社会科学与人文学科尚未将对上述间断性的核心认识从上述假设的必然结果中分离出来。

马克思的质疑与阐释,组成了19世纪思想界广泛论争的一部分。在这次论争中,马克思在明确规范的框架之外提出了大量因果解释。当历史已经为人类社会准备一个计划时,我们还需要什么计划呢?其他人则更倾向于从明确的规范基础上攻击政治经济学的既定范式。

作为反击,由瓦尔拉斯(Walras)、杰文斯(Jevons)、芒格(Menger)等人提出的分析范式十分引人注目。在现代思想史上,无出其右者[除了汉斯·凯尔森(Hans Kelsen)的"法的纯粹理论"以及其他20世纪实证主义法学的严谨形式],尽管用于解释上述范式的恐惧和雄心已经在无数的历史思想片段中留下了踪迹。

边际主义者既没有在因果与规范的论争中拉帮结派,也没有在这个方面延续英国政治经济学的传统,而是计划建立一种新的分析范式,从而尽可能地从颇具争议的因果和规范论断中剥离出来。这将是纯粹的分析,凌驾于论战之上,带来启示,却不煽风点火。这种分析范式的解释功能,依赖于描述性推断的分析策略以及分析工具以外其他学科和方法的因果推断。其政策建议功能,依赖于对外部逻辑、意识形态和信仰提供规范的偏离。任何争议,无论是出于因果考虑还是出于规范义务,都被视为外生的。其解释性的和计划性的结果都来自分析与外部推断的结合。

"绝不干涉（Noli me tangere）"是这种分析范式的座右铭，而置身事外则是其承诺。在这些原则中，分析力无关解释或实践的信度。一个额外的重大好处在于，将纯粹的经济学分析转变为逻辑学的一个分支，从而促使其与数学相结合。因此，李嘉图思维实验中，为比较优势预设的思想（尽管在其思想的其他方面并不多见）是明确且具有一般性的。

经济学从未完全被这种导向统治。边际主义甫一出现，德国的历史经济学与美国的制度经济学就提出了完全不同的研究路径。这些路径明显无法提出与众不同且强有力的论断，也无法建立因果推断与数学分析间的不同联系，因而，其权威性有所削弱。时至今日，全新的制度经济学和行为经济学注意到了上述论断及联系。从始至今，学术思潮中都存在着退回置身事外的堡垒的做法，同时也存在着分析与因果解释及政策建议的分离，使得这套分析程序在整个思潮中显得格格不入。无怪乎相关的因果解释和政策建议总是矛盾地渗透于经济学领域。

然而，如果你认为我的批评针对的是经济学的专业化发展路径（正如其典型方法、假设以及命题所突出表现的）或其与数学的结合，那你就错了。与此不同，我的批评是针对过去一百年间经济学主流范式最为独特的要素，包括其影响力还是局限性。正是这些要素将经济学范式与其他学术范式区别开来。

在上述范式的支持下，经济学从未停止在三种策略中的腾挪，这有时由不同的经济学家完成，有时体现在同一个经济学家的不同作品中。这种震荡支撑起了最基本的分析导向，既混淆了分析的本质，又降低了分析的成本。

纯粹主义的策略，坚持严格区分经济学的分析操作与必须从外部获得的实证或建议的出发点。反过来，实证包含了描述性推断和因果解释。在此严格限制下，经济学只有借助外部限定的力量，才能做出解释或提出政策建议。扩大是有力的，但洞察则是乏力的。闪耀的光亮其实是对外部光源的反射。而其分析的核心，则像般雀·比拉多（Pontius Pilate）一样不用负责。

这就是杰拉德·德布鲁（Gerard Dbereu）这样的一般均衡理论家所坚持的经济学形式。其结果是尽可能地将经济学转变为不相容的知识、论点和信念的逻辑工具。这种学术活动在认知上的副产品，将是通过分析从外部的限定中推得的权衡（trade-off）局限和分类。这些固执的分析者说："把社会现实和你的偏好（preference）告诉我，我将使你清晰地思考并面对你自己做出的推测内涵。"

主张策略，为了实践的效能，牺牲了纯粹性。但是，该策略很少承认这种牺牲。经济学在当代世界的意识形态和制度纷争中拉帮结派。典型地，经济学为市场、资本主义、全球化尤其是自由贸易的优越性大声疾呼。建立在比较优势基础上的自由贸易，其卓越性就算不是经济学最为普遍的教条，也一直是最具代表性的观点。依托这些学说，经济学迫不及待地提出了一众具体的政策建议。从路德维希·冯·米塞斯（Ludwig von Mises）到弥尔顿·弗里德曼（Milton Friedman）等经济学家的公开规划性论点中，列举了上述政策建议。

主张策略的关键，在于两个争议性的学术约定。第一个约定被广泛讨论，其重要性也相对低一些，即在边际效用原则下利己行为的最大化模型识别，与市场经济机制中的可分配效率：市场经济是这些理论和导向的优越的甚至是天然且必然的制度载体。20世纪30年代，为了调和边际主义与奥斯卡·朗吉（Oskar Lange）等社会学家主导的国家计划，上述约定成为论争的主题。论争的结果显示，边际主义概念与国家计划者的技术，在应用中都没有遇到理论障碍。政府干预（dirigisme）国民经济的实践成本可能是巨大的，甚至是承受不起的，但无法从边际效用、最大化行为以及静态效率分析中推导得出。关于成本的论述走向了不同层面，并被淹没在关于"何者造成了当前的经济"以及"当前制度安排有何切实可行的替代项"的争论中。

第二个约定受到关注较少，但更为重要，即用一套具体的历史的偶发的经济制度和政策（包括具体的产权和合同体系）来识别市场经济的抽象理念。关键在于，将这些制度安排作为其背后伟大思想的永恒不变且不可分割的表达方式。剥离了具体制度内容的抽象概念，不足以提出政策建议和批评。赋予了制度内容以后，抽象概念指明了当时的意识形态斗争路线，并为具体性赋予了一般性的权威。

无论过去还是现在，这种动力都来源于对一条真理的忽视，而经济学迄今仍未完全认识这一真理：无法从市场经济的概念中推知其具体的法律和制度内容，正如无法从民主的概念中推知其具体的法律和制度内容；比起近代北大西洋社会流行的方式，市场经济可以采用大不相同的组织方式；在产权及合同的规章安排以及经济主体与国家的关系等方面，存在差异化的可能性；要想评判这些重大且有力的差异，就必须乐于进入关于社会现实和可能性的开放争论——除非出现进一步进展，否则，最大化行为与边际效用理论将哑口无言。

解释力及其政策建议，从纯粹性中生发出了模棱两可的策略。不甚严谨也不甚确定地讲，这种模棱两可导致了英国政治经济学家被马克思诟病的错误：对本地性和暂时性进行无根据的一般化。在涵盖诸如储蓄率、投资和就业等问题的定律性宏观经济中，这种做法试图建立规律。面对挑战，这种做法承认，规律的效力取决于大量具体的制度安排。相比于塑造了我们对于资本主义或市场经济的总体概念的制度——例如，劳动力组织的具体方式及其在与资本、失业保险范畴或央行势力斗争中自我强化的方式，决定了规律效率的制度安排更为具体和特殊。这许多松散联系的背景事实一旦发生改变，制度安排将随之让步，而那些设想出的规律也不例外。因此，英国政治经济学家拒绝提出严格形式的一般化结论，也为此遭到了马克思的攻击：所有经济体的"规律"与某个具体经济体的"规律"之间存在混淆。

然而，只要一个社会处于相对停滞的制度和意识形态时期，只要其格式化的制度安排和信仰体系几乎不发生有效变化，只要战争的创伤与破坏并未危及和平的愿景，那么，实际论证中可以无视那些原则的让步。于是，在相对静止的背景下形成的大规模经济现象间的关系，将呈现出与定律性规律的虚假相似性。

如果这种让步（例如通胀与失业间的关系取决于具体的制度和意识形态环境）是认真做出的，那么，我们探究的主题应该是那些现象与该环境之间的关系，应该是该环境的本质，应该是其改革的前景，而不是现象与稳定不变却又晦暗不明的背景之间的关系。然而，这种让步是不真实的。这只是权宜之计，对其原则阳奉阴违。

举例而言，凯恩斯的美国追随者们就使用了上述策略，在20世界后半叶发展出了所谓"宏观经济学"。他们改变了一个永久非均衡的理论，使其要么阻碍均衡，要么允许高低不同的就业水平上的多个均衡。他们去除了凯恩斯的政治色彩，从而使其在政治上比较易于被接受。在他们制定的议程中，20世纪中期的制度和意识形态机制被视为现代规范化市场经济的天然模板。在经济现象与其制度及意识形态环境的关系上，他们闪烁其词的方法被凯恩斯的反对者掌握。

经济学中心范式的内核，总是在两方面的策略中摇摆不定：一方面是纯粹性策略；另一方面是主张策略和模棱两可策略。第二、三两种策略中不纯粹的解释力和政策建议能力，抵消了第一种策略的严格限制性。当主张性和模棱两可性因其折中主义而被质疑时，这种范式通常可以退回到纯粹性中。

为调整比较优势学说中的三类不完备性而进行的任何尝试，其意义都是毋庸置疑的。在一个坚持将分析与解释及政策建议剥离的经济学分析框架内，我们无法完成上述调整。有一个观点认为，上述分析框架可以完全囊括本书关于自由贸易的论点。现在，我们就来看一看，这个论点虽然字面正确（如果你掌握了最纯粹也最自我否定的经济学分析），但为什么在本质上是错误的。为了阐明上述三种形式的不完备性，就无可避免地要与造成这些不完备性的学术惯例作斗争。

这种将分析与因果关系以及政策相联系的方法，对经济学产生了决定性的影响。它使得经济学具有其他社会科学难以企及的精确性，但同时也承担了致命的风险。这些风险使经济学永远无法成熟，至少那些依然被上述思想左右的经济学流派是这样。对于将分析从因果及规范争论剥离的做法，这一学科的拥趸错误地将其视为一大优势。他们在思想和现实生活中都犯下了不可饶恕的罪过：他们没能卸下铠甲。

注释：涉及比较优势思想主流范式的本书概念

比较优势学说的历史，可以概括为一个三章的故事。没写下来的第四章，揭示了前三章的隐含意义。现在，我将这个故事彻底压缩，用非正式的直觉阐述，去除叙事主线的一切技术复杂性，从而更好地帮助我们将比较优势标准分析范式提供的观点与该范式否定的观点结合起来。

第一阶段是李嘉图（1817 年开始），而亚当·斯密提出了史前的绝对优势这一直觉概念。李嘉图考虑了单一的生产要素，即劳动力。他允许国家间的技术差异及此基础上的劳动生产率差异。如果没有这些技术和劳动生产率差异，他所分析的自由贸易就不复存在了，而将全面自给自足。

第二阶段是亥克歇尔－俄林模型（1933年首次提出）及其在后世经济学中的各种延续。作为李嘉图论点的核心，技术差异在此模型中未被提及。不同的是，这个模型关注了资本禀赋的不均等性，从而在另一种基础上重新构建了国家劳动生产率的差异。对于李嘉图而言，这些差异正如技术本身一样，都是外生的。现在，它们内生于模型之中了。

国家资本禀赋的差异（例如基础设施投资方面）要求生产要素的不同配比。每个国家情境下的正确要素配比，是通过资本家的利润最大化决定的。其图景如下：在资本丰度较高的国家与劳动力丰度较高的国家之间，沿其贸易轴线形成了世界贸易体系。

与经验明显冲突的一个核心预测是要素价格均一化：由于自由贸易，要素价格将收敛到贸易品价格水平上。该论点不可或缺的众多假定，都殊途同归到国家间资本及劳动力的规模及不可流动性（但在本国内是可以完全流动的）。如果资本可以流动，形成一个世界性的投资池，那么，全球的劳动力—资本比就将迅速趋同。劳动力相对丰度的差异，将不再造成对该论点至关重要的劳动力不均衡性。正如李嘉图所描述的，当各国技术能力一致时，商品贸易将不复存在，自给自足将成为主流。按照这个思路，不同的国家的确具备同样的能力：定义了投入产出转变的"生产函数"，在全世界是完全同质的。

在理论上，商品贸易可以造成资本和人员的流动。要素价格均一化就是其等效的简单表达。如果未能实现均一化，我们将归咎于市场上的本地化限制或模型假定的某个具体偏差，而不会动摇我们理解变幻莫测的世界时所形成的核心观点及其应用，但这个世界注定不受限制。

对于贸易理论中许多最具影响力的观点，我们最好将其理解为上述思路的表达。因此，雷布钦斯基（Rybczynski）定理将亥克歇尔—俄林模型的静态表述转化为模糊的动态表达，但却没有提及以何种标准对比较优势基础上的专业化生产问题的多个解进行取舍：相对要素禀赋的改变，将改变劳动力密集型或资本密集型生产的相对优势。根据斯托尔珀－萨缪尔森（Stolper - Samuelson）的结果，商品相对价格的变化，将导致用于生产这些商品的要素价格变化。如果资本密集型产品相对劳动力密集型产品的价格发生了变化，那么，资本租金率相对于工资（即劳动力报酬）将上涨。

这个故事的第三个也是最后一个阶段，起始于试图放松规模报酬不变的假设。根据规模报酬递增的假设，即在该国厂商技术和效率最佳组合下某部门可能获得"关键物质"，我们不仅更加接近真实经验，也揭示了贸易为什么没有如李嘉图（如果技术水平发生融合与共享）或亥克歇尔－俄林（如果资本跨境流动或其他过高限制和明显反事实的假设不能成立）所指出的那样退化为自给自足。以下是20世纪七八十年代"策略贸易理论"到近期研究的分析思路。[①]通过掌握已经确立的全球劳动分工市场，贸易国（或者更准确地说是其庇护下的厂商网络）得以确定其专业生产领域。这种专业生产并非永久性的，而只存在于一段时间，直到其能够在其他领域以更低的成本进行更好的生产。

但是，上述解释了我们不必也不会回到自给自足状态的论点，同样也揭示了所有情况下的贸易所得并未被平均分配。不仅仅是厂商，整个生产部门和工人阶层，甚至整个国民经济及其人民，都可

[①] 例见拉尔夫·E. 高莫里（Ralph E. Gomory）与威廉·J. 鲍莫尔（William J. Baumol）合著的《全球贸易与国家利益冲突（Global Trade and Conflicting National Interests）》，麻省理工学院（MIT）出版社，2000 年。

第二章　困境：比较优势的不完备性

能蒙受损失。更有甚者，根据比较优势的静态分析，我们可能无法推测出应选择确立哪一条策略路线，也无从得知开拓该路线的最佳方案。厂商、部门和政府，可能发现自己不得不通过猜测来赌一个方向。对于方向和方法的问题，市场传递的价格信号既不具备决定性也没有可靠性。因为，在每一个真实的市场中，积累了彼此矛盾的尝试来构建比较优势，而不是单纯地揭示比较优势。

对教条主义和徇私舞弊的双重恐惧，抑制了上述分析对自由贸易古典理论造成的负面影响。而这种双重恐惧来自如下的担心：那些决策者和掌权者，并不是成见和教条的后知后觉的受害者，他们将心照不宣地服务于部门利益，致力于公权私用。除去部分言过其实的论断以及站不住脚的前提后，自由贸易看上去更像一个以实验主义对抗唯意志论的工具，提倡平等，反对掠夺。

这个故事的第四章，大部分没有写下来。但是，如果我们想要完全理解前三章的内涵，就必须对第四章的内容作出推断。理解其要点的简便方法，是将其视为两个策略的组合。

第一个策略维持故事第三章所呈现观点的全部效力——规模报酬递增以及比较优势得以确立的其他支撑条件，正是这些条件阻碍了各贸易方平均分享贸易所得。对于条件上设置的这一转变，在其尚未被滥用为教条主义和徇私舞弊的工具时，我们不应因其做出选择性策略判断而忽视其启示意义。我们应该激流勇进，而不是退避三舍。我们应该承认，民主政治与市场经济本身一样，可以采用不同的制度形式，而富裕的北大西洋国家当今建立的制度形式，只是更为广泛的可能性开集中的一个子集。同时，我们应该进一步探索如下猜想：这些制度中的一部分比另一部分更能抵御教条和徇私的邪恶，因此，原则上最佳的策略和选择判断在实践中也是最佳的。一切都依赖于市场经济与民主政治的真实组织形式，因其是整个实验主义（包括塑造了市场经济的规制、制度和实践的实验主义）中

· 53 ·

两组相互关联的实践。

第二个策略是以一种更为复杂、包容，也更烦人的形式重新介绍故事第一章的要点：根据李嘉图的假设（在他的分析中，该假设对于避免自给自足不可或缺），由于贸易各方的生产技术存在差异且水平参差，其劳动生产率也不尽相同。

现在，我们将李嘉图基于技术水平差异提出的各国劳动生产率差异作为代理变量，以此决定工作分配的不同方式以及人员与机器配比的不同形式。让我们否定劳动力是同质的：劳动分工中的不同形式，是任何经济组织体制内的核心部分，也是至关重要的部分。让我们将亚当·斯密"图钉工厂"模型中的劳动分工及其专业化和层级溢价作为一系列更广泛可能性中的限制性特例。让我们将劳动力和技术视为特殊情况下的同一问题的不同方面，即我们想象活动的社会表达与其他实体表达。让我们将不同类型劳动力的所有差异（这一点蕴含了最重大的结果）都是以下两种活动的差异：其一，刻板的自我复制行为；其二，我们已经会复制且能以公式表达并内化于机器的行为。让我们认定，当代社会经济起飞的要素在于两类能力：其一，使用机器的能力，受到具体的工作、经济、政治及文化组织方式的限制；其二，复制的能力，从而将时间节省下来解决无法复制的问题。此外，让我们用心领会，不同的市场和贸易组织方式，即无法用自由贸易和保护主义简单对立的语言来描述和理解的方式，是如何阻碍或促进这种经济起飞的。

如前几段的总结列示，第二个策略所包含的思想，与我在前文中关于比较优势学说不完备性的论点相结合，就指向了本文形成的关于贸易的思路。

对于我讲述的这个故事的前三个已经写就的章节以及之后想象出的第四章，很有必要进行回顾。这个故事的两个特点值得最密切的注意；对于理解引发本书论点并被本书反对的学术背景，这两个特点有基础性的关系。

第一个特点是比较优势及自由贸易理论的历史沿革中存在的核心悖论。自由贸易的情形，总是依赖于具有相当限制性的前提，并与古往今来的经验相悖，以至于这些前提使自由贸易的动因看起来不可思议。根据这些理论，一旦限制性前提不复存在，自给自足将大行其道。

另一方面，有一些理论解释了，即使限制性前提不复存在，自给自足为什么也不会发生。规模报酬递增就是其中之一。这些理论认为，贸易将在国家之间、阶层之间、厂商之间造成胜负差异，而不是利益的平均分配。贸易的可能性与其争议性相辅相成。

然而，我们的选择并不局限于多一点或少一点贸易，也不仅仅是在自由贸易和贸易限制两种策略中进行平衡和取舍。当我们意识到这一点时，贸易争议性的内涵就发生了改变。我们可以在全球或区域的层面上重构或重组贸易体系。我们也可以对市场经济本身进行重构和重组。

这个故事的第二个特点在于，将世界贸易体系的特征和历史，合理地归因于劳动生产率和劳动报酬（即工资率）。考虑到与社会组织形式的关系，没有什么比我们的生产力范畴更岌岌可危的了。对于差异化生产力以及劳动回报的研究，为我们提供了介入这一宏大问题的突破口。

尽管理论与意识形态的成见阻碍了我们对事物的认识，我们仍应突破成见而认清事实。这是深刻洞悉事物本质的第一步。这些事实不仅本身极为有趣，也反映了完全没搞清这些事实的思想传统的局限性。

上述事实之一，即世界贸易并不是劳动力富余国家与资本富余国家的贸易，前者的廉价劳动力并未经过比较优势基础上专业化生产的点化而与后者的高生产率互补。即使曾经出现过这样的图景，这也不是当下的现状。这样的图景正是亥克歇尔－俄林模型及其变体的核心，而且李嘉图在其创始论点及其英葡贸易示例中也预示了这幅图景。这几乎就是英国政治经济学家国民经济理论的最基本模型直接照进了贸易的现实，卡尔·马克思曾重新解读了这一模型：拥有合法自由但存在经济依赖的工人，为了工资而向资本家出售劳动力。

现实在几条相互关联的路径上偏离了这幅图景。先进的生产部门，或主要发达经济体及富国中的先锋，培育了先进的生产方式。我将在后文论及，这些先锋形成的网络，已经成为了世界经济的统治性力量，也活跃于思想、实践、人员以及商品和服务的交流中。但无论贫富，这种统治性力量与该国自身的国民经济之间，只存在微弱的关联。这种生产先进性的本质，并非是资本的充裕，甚至也无关技术；这是一套改变劳动分工（离亚当·斯密的图钉工厂越来越远）的革命性实践，即令好的厂商与好学校十分相似，并根据科学的方法和精神以及探索发现来共享生产。

充足且廉价的劳动力，既可能与较低的劳动生产率相联系，也可能与较高的劳动生产率相联系。当劳动力相对廉价而生产率相对较高时，单位劳动力成本，即每单位产出的平均劳动力补偿（既测度了生产率，也测度了劳动力成本），可能是下降的。20世纪末至21世纪初，中国与印度安排得当且表现优异的经济，就是得益于上述情形。但是，相对廉价的劳动力也可能与低生产率相联系：劳动生产率和全要素生产率双低。

因此，当我们说中国和印度得益于其相对较低的单位劳动力成本时，墨西哥却受困于其接近美国水平的单位劳动力成本；墨西哥的工资差不多只有美国的十分之一，但其平均生产率也只有美国的1/10。如果亥克歇尔－俄林模型所表达的思想是正确的，那么，根据墨西哥在国际劳动分工中所处的地位，该国应该代表了半个世界的处境：劳动力富余国家随时准备与资本富余国家展开贸易。但是，这并非半个世界的处境。这只是一个具体地区的失败：墨西哥既没有找到降低劳动力价格的方法，也没有充分提高其劳动生产率及其全要素生产率。

如果任何地方都可能出现最先进的生产实践及技术，无论劳动力价格是否低廉，那么，完全可以在国际劳动分工中选择并发展专业化道路，而不是被动接受专业分工地位。既不应将专业分工地位作为给定的比较优势命运的一部分，也不应将其作为从劳动力密集型生产到资本密集型生产实现经济跃升的既有阶梯上的一个梯级。如果希望从规模报酬递增中获益，那么，其他原因导致的边际可操作性就将扩大。

第二个事实关乎劳动力报酬，即其在国民收入中的占比。经济发展和平均生产率都处于同等水平的国家，其劳动力报酬却千差万别。长期内的真实工资增速不能超越劳动生产率增速，这是当代应用经济学领域最广为接受的观点。任何令真实工资加速增长的尝试都失败了；通货膨胀将真实收益变成了名义所得。金本位制度以及20世纪早期凯恩斯主义（Keynesian）之前的"良性金融学说（sound–finance doctrine）"，都与上述观点同源。但神奇的是，在前两者灰飞烟灭以后，这个关于劳动力报酬的观点却依然挺立。这一观点与马克思主义经济理论的代表性观点在根本上是一致的。根据后者，资本主义经济中的剩余价值率（剩余价值指购买劳动力的资本家可以从出售劳动力的工人身上榨取并占为己有的那一部分价值）是收敛的。该观点被广为接纳并树立了太高的权威，以至于发现其中的错误也不足为奇。该观点所包含的有限的正确性，掩盖了其余的错误部分。

接近马克思剩余价值概念的代理变量，是我们熟悉的一个统计量，即工资与国民经济工业附加值的比值。经济和技术水平相近的国家，其全要素生产率和劳动生产率也相应地类似，但其工资与工业附加值的比值却大相径庭——该比值正是马克思所谓"剩余价值"的倒数。在近期的研究中，该比值在丹麦是65%（2003年），在德国是62%（2003年），在南非是57%（2004年），在英国是50%（2003年），在美国是32%（2002年），在日本是27%（2002年），在印度是23%（2004年），而在巴西则是21%（2004年）。① 总体而言，该比值在发达国家略高，而在发展中国家则略低。但是，生产率和发展水平相似的国家之间，仍然呈现了巨大的差异。这些差异中的一部分，可能来自不同的土地、劳动力和资本的稀缺程度，也可能缘于自然资源在各国经济中不同的相对重要性。然而，当我们将这些稀缺条件都给足以后，大部分差异仍然存在。

剩下的部分就是政治了。我们不妨推测，在政府、资本与劳动力的关系形成中，资本的法律和制度地位发挥了剩余的但实质性的作用。如果劳动生产率与劳动回报之间的关系能独立于集体行动和政治干预而自然形成，如果这种关系不以意志为转移（尽管其是一个社会现象而非自然现象），劳动力享有的国民收入从一开始就不会存在巨大差异。

关于真实工资无法超越生产率增长这一结论，其揭示的真理是，试图通过法令提升真实工资都是徒劳。通过立法提高劳动力享有的国民收入比例，这是有用的。但是，必须通过权利保障，制度安排需要赋予劳动力更多议价权，而产品、资本和劳动力市场都要保持竞争性。只有此时，这样的立法才是有用的。上述结论的错误在于，否定了通过制度和政策改变来促使立法生效。

源自李嘉图比较优势学说并由亥克歇尔-俄林模型进行经典表

---

① UNIDO（United Nations Industrial Development Organization，联合国工业发展组织）工业统计在线数据库，就业、工资及相关指标，2007年1月26日。

述的传统思路，与上述现实之间的联系是间接的。但是，这一联系具有决定性的重要意义。世界经济的专业化方向，将受到劳动力报酬及其生产率的影响。与半对半错的传统观点相反，这两种影响相互独立，并非暂时性轻微影响，而是持续性的、累积性的剧烈影响。

对于劳动力相对资本的地位和报酬，其政治层面的解释证实了我们已经从其他观察和论点中了解到的内容：跳出比较优势的思路主线，在更大程度上，一国经济在世界经济中的专业化地位是被选中的，而不是被发现的。这不是宿命；这是一个计划，是面对限制做出的计划，是在利益和视野竞争的基础上做出的计划。

修正后的比较优势以及世界经济专业化生产理论所涵盖的第三大事实是，劳动力报酬递增与国民经济增长之间的开放双向关系。由政治和制度推动，真实工资涨幅超过生产率，这可能构成了经济衰退叙事的一部分。因此，例如当下的墨西哥，无法持续提高劳动生产率或全要素生产率，既不能也不愿将其劳动力价格降至中国或印度的水平。墨西哥高企的单位劳动力成本，加之较低的生产率以及虽然较低但仍不够低的工资水平，共同构成了该国未来经济的死亡之手。

然而，劳动力报酬的上行压力，甚至于按照超越生产率溢价的比例向劳动力支付报酬，可能都是一场进步性的经济革命的一部分。这些压力可能有助于（在历史上也的确多次有助于）促进发明和创新，从而提高生产率。对于那些我们可以借助机器进行重复的活动，这些压力可以促使我们找到替代品，从而将更多的时间和人力节省下来处理我们尚无法重复的工作。将更多人从贫穷和不体面中解救出来的劳动力报酬上涨，其本质的吸引力在于，通过放大作用，从机械麻木的苦工中解放了人类。

什么样的国民经济组织形式才更能使良性效果胜过不利影响？劳工地位以及劳动力报酬的相对提高，应成为更大推动力的一部分，渗透在经济、文化、厂商和学校，从而在集体实验中将生产转化为学习型的合作工作。这个实验必须包含对市场经济形式和代表性民主形式的实验。对于这两大类制度安排，我们无须计划就可以推动形成。

　　什么样的国际商贸组织形式能够为上述转变提供一个适宜的环境？毫无疑问，这种制度不是简单的自由贸易最大化，而要调和实验的不同策略和方向，并将协调共存作为全球贸易体系的首要原则。此外，这种制度必将推广更为严苛的劳动标准，从而将劳动力报酬的上行压力扩展到全世界。

第三章 观　点

寻找观点

　　为了找到一个学术方向来阐明前文的历史经验并澄清前文所述的概念性问题，我们必须跳出自由贸易问题的局限。面对自由贸易和保护主义的论战，我们无法在其传统框架中做出公平的判断。

　　在本章中，我提出了六点思想作为思考的出发点，不仅针对国际贸易，也针对广义的经济活动——建立另一种不同方法的基础。如果不建立这种不同的方法，我对于国际劳动分工的解释性叙述和计划性建议将成为无本之木、武断之言。又或者，我的这些叙述和建议又将继续附着于常年没有结果的争议之上。

　　前三个观点中的每一条，都报告我将在下一章提出的某一项主要论点。第四个观点，明确提出了前三个观点中的两条所依赖的前提假定。第五个观点，对于自由贸易的争论具有最深远的理论和实践意义，但与该争论的联系最不明显。第六个观点，将前五个观点置于更广阔的理论和实践范畴之中。

专业化与发现：当竞争抑制了自我转化

第一个观点提及了自由贸易争论中相对立的利益。这一观点涉及共同学习，也涉及不同的竞争情形：第一类非管制竞争有更多先进竞争者参与，鼓励学习；第二类竞争则阻碍学习。这第一个观点重新解读了自由贸易的传统论争，所用的话语体系则涉及当今学界最为关注的内容。

在自然的或构建的比较优势基础上，实现某个生产领域的专业化，以及通过无论在生产领域还是其他需要更多资本和智力的领域内持续接触更先进的厂商（即用更少劳动力生产更多价值的厂商）而促进改善和创新：根据经典理论，以上就是自由贸易的本质益处之一。作为一个国家、一个经济部门或一个厂商，在竞争压力下，你都要学习将你过去的产品做得更好，或者要学习制造世人更看重的新产品。无论是不同产品的生产者之间的贸易，还是相同或相似产品生产者之间的竞争，这些日常现实总是鼓舞激励着你进行自我改善。

通过国际劳动分工的专业化生产而提高的效率，能够推动你的进步，既改善了你生产既有产品的方式，也展现了如何转向收益更大且需要更多资本和技术的经济活动。

这第一个观点的核心在于，上述梦想在一些周期性的情形中看似能够实现，在另一些情形中则似乎遭到迎头痛击。上述两类情形的差异取决于以下三个条件之间的关系：专业化的收益、被挑战的价值、被击倒的风险。

这个梦想在两种极端情况下最可能实现：当你的贸易伙伴比你先进很多；当他们的先进程度与你或多或少相同。如果贸易伙伴比你先进很多，那么，你就可以寄望于变得更加高效和多产，尤其是

第三章 观 点

通过转型为更节约劳动力的经营或生产方式，既不会威胁到贸易伙伴，也不会被他们威胁。贸易伙伴在组织和技术上不断精进的尝试，以专利的形式出现在日常贸易活动中，将为你提供一个标准——虽然在短期内难以达到，但却指明了你应该努力的方向。

现在想象这样一个情形：当你的贸易伙伴处于与你类似的发展水平，尤其是在资本、知识以及其对重复劳动的取代方面。正如远落后于你的贸易伙伴发展水平的情况，现在的情形下，也不需要以牺牲自我改进的可能为代价来获取专业化生产的收益。任何时点上，你和你的贸易伙伴都可能进入另一个商业领域。这种无休止的竞争将造成受害者：在位厂商将失去领导地位以及其所雇佣的所有工人。然而，当面对这些本地化、转换型且短暂的挫败时，你和你的贸易伙伴都可以吸收一些共同的存量资源：资本、机器、技术、实践、组织安排以及能够将你和他们置于可比的发展水平的既有观点。

但是，如果你和你的贸易伙伴发展水平不一致——但没有很大差别时，情况又将怎样呢？具体而言，如果你是相对更落后的经济体，而你的贸易伙伴相对更发达呢？如果你与他们在发展上的悬殊太大，那么，你的路径更可能与他们的路径相交，而不是采用他们的路径。在这方面，这个情形与发展水平相对接近的情形更为相似：你预期进入贸易伙伴强力占据的商业领域，甚至是他们根深蒂固的领域。

然而，这个情形与发展程度相对接近的情形在两个重要方面有所差异。一方面，在发展过程中，你将跨过危险的转型期。在此期间，你可能不得不参与某个生产领域的竞争，但比起那些相对更先进的竞争者，你又不具备同样的生产率水平。于是，你被迫依赖廉价的劳动力。之所以这样做，是因为你相信，这种依赖并不会阻碍你在技术和组织上追求劳动力集约。

另一方面，在贸易伙伴的交往中，凭借某些资源，你的贸易伙

· 63 ·

伴能够将一个领域的败绩转化成另一个领域的成功。而你，却无法积累这种资源。你的资源存量以及转换能力就将更受限。也许，你被迫再次依赖你较为廉价的劳动力，因为这是你唯一的退路。这种依赖是危险的，因为它可能促使你减慢或者推迟采用劳动力集约型的技术和实践。因此，你可能要花费更多的时间将社会的时间和注意力从你已经能够重复（因此也能够将其程式化并内化于机器）的活动中转移出来，从而转入那些你尚无法重复的活动中。但是，从重复到新颖到创造，这种转变准确地决定了一个社会能否将失败的既有生成领域替换掉。

你的相对先进的贸易伙伴也将受到威胁。你对于廉价且低效的劳动力的不得已的依赖，有效地鞭策了你的贸易伙伴，促使他们加速用程式和机器替代已形成一套重复操作的模式的劳动力和生产。但是，这种加速引发的社会成本并不能平均分配于每个社会阶层，其中大部分社会成本将落到一部分劳动力上，他们从事的生产已经被后发者赶超。如果这些受害者未能成功做出反应，那么，经济增长将继续笼罩在进一步不平等和排他性的阴影之下。如果这些受害者确实做出了反应，那么，经济增长将被社会斗争打断。

这个思维实验表明，在国际劳动分工的竞争性专业化进程中，共同学习的不同主体并非注定相互合作。整个国民经济的相对力量以及具体厂商的相对能力，决定了这些主体从事同一工作的可能性。当贸易伙伴之间的不平等真实存在却不甚严重时，即当新兴者面对在位者时，将产生最为紧张的情势，即自由贸易教条无法解决的对立利益。

政治凌驾于经济之上：当贸易限制意味着不向特殊利益或代价高昂的教条屈服

第二个观点涉及经济与政治的关系。当面临第一个观点提及的两难境地时，一个社会所能做出的不同反应的范围，并不是由经济自身决定的。这是由政治决定的。更准确地讲，这是由两个不同却相联系的要素决定的，两者在本质上都是政治。

一个因素是，一个国家在多大程度上能够可靠地代表社会大多数人的广泛利益，而不是左右政府的某个特权集团或阶层的狭隘利益。第二个因素是，确定共同利益的概念内容以后，政治实践和政策在多大程度上具有试验性的特质，其形成的持续社会发现既关注结果也关注方法，既关注价值观也关注利益，既关注共同的自我认识也关注国家战略。

建立这样的国家以及这样的政治实践和政策，是人类历史的未竟之业。即使是当代最公平的社会中最具活力的民主制度，仍远未完美实现这一未竟之业。最公平的社会中，仍然共存着阶级社会和精英社会，不同群体之间的力量和影响力天差地别。最具活力的民主制度，仍然依赖于少量现成的制度安排和理念，其群众力量对社会特权的压制能力有限。

公共管理的组织形式仍然采用指令控制模型：这种管理等同于工业大生产，其概念和操作体系都存在严苛的层级，其专业化分工之间严格对立，坚信标准化是实现规模效率的条件，将合作与竞争分别置于截然不同的经验领域，并将创新作为偶发的插曲而非持续的进程。看起来，一直以来论争的主流仍是18世纪形成的大量脆弱的早期体系。结果是，政策的制定和执行不再是发现的源泉，反而成为了学说教条自上而下运行的工具。

回顾第一个观点，专业化生产优势与经济自我改进要求之间的关系所引发的问题与紧张局势，由于上述加诸民主深化与管理实践的限制，大大缩减了应对策略的选择范围。这些限制迫使一个国家作出霍布森（Hobson）选择：要么放弃一切对于自由贸易的限制，即使相对优势可能证明这些限制合理；要么加强限制，哪怕承担服务特权阶层利益以及产生昂贵教条的风险。

这样的霍布森选择不断累积，从而形成了一种宿命。对此，国家无意识地接受，将其当作一套封闭的体系，而经济政策的任何实用型论点都必须为之让步。即使对于贸易的临时选择限制在理论上看似合理，在实践中依然被非议为徇私舞弊和原地踏步的万恶之源，阻碍了市场自行发现最有效的解决方案。结果是一幅乌托邦式的图景：只要不受间歇性市场失灵的干扰，市场经济就是一部万能的机器，足以通过分散化的实验找到帕累托改进的方案。

与上述乌托邦式图景同步出现的，还有一幅反乌托邦图景——涉及一个国家及其所有不受市场力量控制的集体行动，将市场之外的政府和集体组织视为特殊利益和集团偏见的工具。乌托邦与反乌托邦情境共同作用，证明理论上看似最优的政治对经济的调节，在实践中很少是最优的。上述理论在国际贸易的争论中最为坚挺。

现在让我们来思考一下，关于自由贸易与保护主义的传统争论在背景假定上的关系。根据争论所言，自由贸易所受到的限制，在理论上是合理的——例如，第一个观点中所涉及的情况，或在有关自由贸易的长期论争中形成的其他支持保护主义的论点。然而，所有这些限制叠加在实践中的政治选择上，超越了市场（即当前组织形态下的市场）形成的资源分配。在一个最基础的意义上，选择性关税与选择性利率、选择性汇率或选择补贴是一样的。它们通常服务于某个集团的利益：无论是哪种或哪几种利益，终归是在政府中成功夺权或具有影响力的集体的利益。集团利益与享有声望的理论，也有融合的趋势——前者使用了后者的话语体系，将共同伤害非限制性竞争和惊人的发现中的集体利益。

但是，选择性政策（包括选择性保护主义）在多大程度上代表徇私舞弊和教条主义的双重罪恶，这不是一成不变的。这是不断变化的。其变化依据是政府组织和政策制定的制度安排。为了对这种变化的重要性有一个初步印象，我们需要对民主政治、市场经济以及自由公民社会所能采用的各种组织形式有宽泛的认识。我们所需要做的，就是用开放的思维来审视业已存在的变化。

举例而言，20世纪后半叶，东北亚经济体因其形成了完备的集中制贸易和工业政策而闻名于世，其中大部分采取的是自上而下的国家官僚体系。在很大程度上，这种贸易和工业政策仍受制于教条，拒绝实验性的挑战和修正，因而更易于出现代价高昂的错误。然而，即使在上例所涉短短的历史时期内，这种不稳定性仍存在差异：例如，困扰韩国的不稳定性甚于台湾地区，因为，相比于前者，有更多中小型厂商参与了后者的政策制定。

但我们从原地踏步的危险转向与之并列的另一危险——徇私舞弊时，我们发现20世纪后半叶东北亚"老虎经济"（tiger economy）具有一个共同的特点，即这些经济体都有一定意识地依赖于某种途径促使利益集团影响公共政策。对比相同历史时期拉丁美洲大部分国家采取的策略，东北亚方式的独特性就显而易见了。在拉丁美洲的那些国家中，自由主义民主政治是来自更加富裕和平等国家的舶来品，无法有效地将政治能量赋予人民，结果也无法阻止共和体制受到周期性镇压。在这种环境中，官僚体制无法独立于财阀或其他社会利益集团而实现实质性的自治。为了策略性的愿景，政府在大多数方面太过"软弱"，太屈从于利益。

与此相反，在政府限制或引导的民主基础上，东北亚经济体实行了贸易和工业政策，并推广为整齐划一的教育、文化和意识形式。

国家是相对"强硬"的。这种强硬使国家在面对教条主义之恶时的脆弱受到限制，但其代价高昂。政治上的威权主义和文化上对试验的抵制，在贸易及公共政策和社会生活的其他方面，或多或少地限制了社会创造不同选择并试错的能力，这些性质成为了短期成功的条件，但在长期内将导致失败。

但是，并没有一条简单的解决之道：社会民主化的斗争以及使文化更具实验性的做法，在其清晰度和能力在新的基础上得以确认之前，可能会引发冲突和混乱。国家、社会和文化能否对民主的试验抱以更为彻底的开放态度，取决于政治制度和社会实践的创新，而这在当时即使最为成功和最具活力的民主政体中也尚未出现。这需要国家通过激进的措施减少对特权的屈从，而不是通过对民主的限制。这也需要一种教育形式将能力与反抗相连，并将对现实的洞见融入对可能性的畅想之中。东北亚经济体的条件，不足以使其管理安排和政策实践包容教条主义和徇私舞弊的双重罪恶。

一个高能的民主，更加偏爱可持续且具有包容性的强化政治组织动员机制。当政府分支部门之间出现僵局时，这种民主只能够提供快速的解决方案。在具体的部门和地区，这种民主制度鼓励进行与主流法律及政策相左的试验。这样的国家，不需要为了抑制特权阶层而创设或服从其他社会和经济举措。对特权的抑制，反过来，也有利于对教条主义的抑制。接下来，这个国家更易于发展多元化而非一元的政策实践，从而宣传成功的地方经验而不是先验的计划蓝图。这个国家也乐于接受来自底层和外部的挑战和参与，也能够区分审慎性和自发性。

上述思维实验说明，观点存在漏洞，理论上最优的做法，如果涉及选择和方向（正如贸易限制），那么，其在实践证明中不太可能是最优，因为政府很容易成为攫取私人利益和利用公众盲目的工具。漏洞在于，这个观点忽视或低估了政治组织和政策中现存的以及可能的变化。理论上颇具吸引力的某种选择性政策，在实践中能否被证明同样优越，取决于其在一系列替代性的方法和安排列表中的地位，或取决于其架构是否能够拓展这一替代性列表。

当我们将这一点与更一般化的理论相结合后，其理论和实践的重要性都大幅增加。这个更一般化的理论指出，北大西洋富裕国家当前建立的民主政治、市场经济以及自由公民社会的代表形式，都是一个更广泛的制度可能性开集的子集。无论是分析推理还是演化限制，都无法得到一个直接或自证的途径，将民主政治、市场经济或自由公民社会的抽象概念导向某套历史上与之相联系的具体制度安排。现在，这个更一般化的理论提出了一个推论，即理论上最优的选择形式也是或可能成为实践中最优的形式。

但是，市场与民主的制度安排并不在同一水平上，或者说不具有同等重要性。市场无法创生自身的前提，包括其组织制度和实践以及其内部流动人员的禀赋。政治——在更宽泛意义上是对社会生活和统治权以及政府权力使用的争议，才是市场前提的决定条件。政治，与市场相反，的确创造了自身的前提——它为自己加冕，尽管受到既有资源和观念的限制。

从上述逻辑出发，理论上最优的做法在多大程度上能够成为实践最优，取决于经济以外的因素，是由政治和政策制定的具体限制塑造的。通过体制形式革新实现的民主政治深化，使理论最优（例如，相对落后情况下采取的必要贸易限制）更可能成为实践最优。

撇开政治而讨论贸易政策，或者任何其他实用型经济论点，都不容易完成。这将不可避免地导致误导性的结论。但是，我们无法通过引入政治学的观点来填充这个空白；现有的政治学的绝大部分与现有经济学的分析体系是类似的。现有政治学缺少我们最需要的东西：对现有市场经济和民主政治的组织形式所谎称的自然性和必要性，作出否定。我们无法依赖另一种现成的学术实践，因此，我们必须从内而外从下而上地一路摸索发展我们需要的实践。

秩序与修正：当自由贸易增强了自我转化能力

贸易体系的发展方式与其中参与者改变自己的能力，这两者之间的关系在第三个观点中有所涉及。关于自由贸易，现有思路的一个重要特点是，将上述两者的进程视为毫无关联的，除非在更多的贸易在专业化、竞争和彼此模仿的刺激下带来了更迅速的改善。

但是，让我们设想如下相反的假说。在任何一个给定的贸易或自由贸易水平上，设计出的任何贸易体系，不是加强就是削弱了其贸易伙伴在发展进程中试验性地重组自身的能力。这一假说提出的自我转变限制，并非贸易开放度的限制，其测度既不是保护程度，也不是一国贸易总量与国内生产总值的关系。这种限制来自某种具体的贸易体系组织方式，其可能允许任何程度的贸易自由。从这个假说的立场出发，真正起作用的不是自由贸易的规模，而是自由贸易的种类。

让我们来思考一个简单却有重大理论和实践意义的例子。这个例子的前提是，市场经济存在自由丰富的可能形式。这一前提构成了我反复提及的理论的核心。随着自由贸易体系的发展，其规则可能向贸易体系的参与者强加了市场经济的某种具体形式：规定了合同及产权体系的内容、来源和范围的确定方法，分割政府和私人企业的障碍，甚至确保投资者和股东利益的方案。

结果是，自由贸易的发展与贸易伙伴间狭隘的制度同质化趋势相联系。这将限制其自我修正的能力，除非这种自我修复来源于更大的贸易自由度。贸易体系的演化也可能遵循一套相反的方案，即用制度最小化替代制度最大化；那种最大限度地允许贸易伙伴自由选择经济模式（尤其是市场经济的形式）的安排，在这样的方案中将更受青睐。

贸易各方制度差异的空间，建立于贸易体系的规则之上，反过来，也促使贸易体系本身要求更高的复杂性并允许修正：在世界贸易体系规则和贸易各方的制度安排上不断进行试验。这套方案并不在日益相似的伙伴之间进行贸易，相反，贸易伙伴在实践、制度、禀赋以及专业化方面存在长期或扩大的差异。

这第三个观点的核心在于，我们不应在贸易相对自由或受到限制的一个维度上对自由贸易进行简单的思考。我们也应该在第二个维度上思考自由贸易：无论自由或限制的程度多大，对于贸易各方进行自我修正，贸易体系给予了多少自由，又施加了多少限制。

原则上，最优的自由贸易拥有更多自我修正机会。而最差的自由贸易，则只有更少的机会进行自我修正。前者将在一个维度上推动基于市场逻辑的分散化试验，同时，在另一个维度上对其进行削弱。而后者则在两个维度上都促进了同样的试验。

让我们在更宽泛的层面上思考上述理念，即将其作为关于广义实践、制度和前提的理念，而不仅仅关于贸易甚至整个经济。我们可以将活动分为两类：我们在给定的前提或制度安排框架内的一般行动，以及我们对上述框架的部分进行调整或修正而采取的非常行动。

这两类活动之间的距离可大可小。上述框架的组织形式可能是为了对抗批评和变革，也是为了使自身看起来更加自然、必要且有权威性。首先，这个框架看起来是世界的组成部分；其次，其建立的结构看上去更像是自然形成的，而非冷冰冰的斗争结果或令人瞠目的发明创造（实际上，一切社会结构都是如此）。只有一场社会或自然灾难，才能改变上述框架，才能剥下其天生自然的伪装。灾难，成为了改变的必要条件。

与之相反，上述框架的组织形式也可能有利于其修正，并减少变革对危机的依赖。那么，维持框架和改变框架的行为之间的距离将缩短。一步步一点点地改变框架，将成为我们的正常活动。

从第一种情形到第二种情形的转变，我们思考和行动的制度及文化环境从自然化到去自然化的转变，我们在其中的利害关系是深刻且普遍的。这触及了我们最根本的利益。这种转变与我们的经济利益有因果关系，决定着我们能否更自由地进行人员及资源的重组：只要我们进行试验的环境及实践受到限制，我们的实用型试验就仍然受到限制。这种转变也与我们的社会利益有因果关系，决定着我们能否将合作从社会分工和社会等级中剥离出来：一个社会分工及等级体系所依赖的制度安排和前提假定，如果无法正确应对无休止的质疑、修补和攻击，那么，这个社会分工及等级体系就无法有效存在。这种转变直接表达了我们的精神诉求，决定着我们能否全心全意甚至心无旁骛地参与社会世界（social world），而不必为此放弃我们的批评、反抗和超脱的能力。

当我们将生产和交换的一种制度组织形式当作市场经济的自然和必要形式，并仅在其中理解和实践生产要素的自由重组时，我们在这种自由上强加了一种武断而累赘的限制。这种自由仍然囿于一种结构之中，而该结构既不能承载这种自由的精神特质，也无法客观地对待其潜在可能。为了提高效率或全要素生产率而重组生产要素的自由，一旦被深化或推进，就将涉及对生产及交换的制度环境的自由重构和变革。例如，在同一个生产经济中，不同的私有和社会产权体系可能共存。

将这样的经济思路解读为国际贸易的概念体系，于是，就有了我在开始陈述第三个观点时的推论。无论贸易的自由度在何种水平，对于贸易参与方（包括贸易经济体和单个厂商）的自我认知能力，最优的国际贸易体系总是做出最少的限制。

不同的自由贸易，不同的全球化：从市场学说中解放出来的市场

第四个观点涉及市场经济概念与其制度安排的关系。更广义地说，这个观点阐述了抽象的制度概念（如市场或民主）与其有形的制度表达之间的关系。这第四个观点是第二个和第三个观点的前提假定；我在提出前两个观点的时候，已经提前使用了第四个观点。除非我们领会到第四个观点的力量，否则，我们无望跳脱那些困扰自由贸易争论的迷信思想。

这个观点的主旨在于，市场不存在某个单一的自然且必要的形式。全世界的市场经济不一定、不应该也不可能收敛到某种理想的限制条件上。如果历史上出现过这种收敛，那么，将在另一个历史时期出现反转；这种收敛缺乏深层且广泛的力量基础。

第四个观点的原则是一般化：这同样适用于其他所有的抽象制度概念，例如，代议制民主的概念。我们习惯性地将某个制度概念或观点归纳出的意义，都是双重参照的产物：一方面，参照了某套利益、价值观或抱负——基于我们在该制度体系内的总利益的理解；另一方面，也参照了我们通常由此概念或观点联想到的一系列具体而偶发的安排。

只要实用主义与意识形态之争不再升级，那么，上述两类参照物将无缝衔接为一个整体：我们在概念中涉及的利害关系将在我们联想到的具体安排中自然表现出来。但是，这种无缝衔接只是一个幻象，只有一切停滞不前才可能成真。随着实用主义与意识形态之争升级，两者创新层出不穷，我们开始认识到，熟悉的制度载体可能朝向不同的方向发展，也可能变换为不同的形式。反过来，制度载体的变化也令我们意识到，既定制度安排中看似自然而必要的利

益和典范，其实是不稳定的，也是模棱两可的。在思维和现实中，纠缠不清的问题逐渐彼此剥离。

市场经济不仅不存在唯一的自然而必要的形式，也没有一个记录市场经济可能形式的封闭名单。同理，代议制民主、自由公民社会或任何广义的制度，都是如此。所有这些制度，仍然受制于双重参照引发的潜在的不协调性和转型。我们面临的是围绕当前和过往经验形成的可能性半影：通过在我们力所能及的范围内采取措施，从我们当前所处的位置继续前进。

市场经济并不具备唯一确定的法律或制度表达，这并不是一个新的见解。事实上，这个见解本就是19世纪中期到20世纪中期西方法学思想演化留下的最引人注目的启示。19世纪早期的法学家已经开始论证，一种连贯无缝的私法治理体系以及支持性的公法制度，可以从市场或自由社会的抽象概念中用准演绎的方法推理得到。

但是，为了确认上述推论，法学家们构建了其对立面：其自我颠覆性成为其严肃性的标志。与其目的相反，法学家们最终证明，虽然他们将抽象制度的内容作为先验的并已经开始揭示，但在追求制度细节的每一步上，制度的抽象内容都会出现不同的转变。每一次转变都可能带来不同的结果，不仅涉及财富、收入和机会的分配，也涉及经济增长以及大众政府的组织形式。通过分析市场理念或产权及合同的概念，并不能确认哪一种转变更优；我们依赖推测，并从非确定性的经验中获得信息，从而做出选择。

关于市场经济在制度形式上的不确定性，这一洞见参与构成了20世纪法学思想和实践的重大转折的理论背景。仅仅坚持一种给定的私有产权体系，无法建立一个自由社会。有必要问一问，实际上谁有机会和途径来践行这些权利。

这些权利的实现依赖于一些可能无法满足的条件——通常也的确无法满足：对于大部分阶层的人而言，实际享有这些权利的前提条件是缺失的，或者已经被这些前提条件排除在外。因此，所有的法律，包括组织生产经济的法律，都可以被辩证地归结为两个部分：一个部分涵盖了关于个人主动权的规定和安排；另一个部分则保证了权力、财富、信息、使用权和机会方面的不均等不至于太过极端和稳固，从而不至于使第一部分（塑造个人自主权行为的部分）沦为一个幌子。

对于法律的辩证重构，面临着效力和洞察力的限制，迄今未能突破。一个社会可以采用不同的方法来识别和克服实现经济自由权利进程中的障碍。采用哪一种方法，决定其成为哪一种社会，形成哪一种经济，建立哪一种市场秩序。

时至今日，关于市场经济可以承载不同的法律和制度形式，市场经济并不存在唯一的自然且必要的表现形式，这一简单的理念仍从未彻底贯彻于经济学分析的实践和政策争论的进程中。只有认识到权力不均等和信息不对称引致的具体市场失灵，上述理念才会脱颖而出。进而，该理念将直接导致如下结论：在处理市场经济的问题时，通过再分配性质的税收转移支付，我们可以不受限制地事后规制经济或消减不均等。我们可以重塑经济，改变某些决定其性质的规定和安排。

因此，意识到市场经济制度形式的多样性，将在世界经济自由贸易的论争中发挥两方面的作用。

第一个方面涉及世界贸易体系（即自由经济体之间的自由贸易），也就是市场经济。在此，我们可以将两个概念结合起来。其一，市场经济制度形式的多样性。其二，关于其参与者进行自我修正，自由贸易体系允许的自由度可能有所差异。在任何给定的贸易开放度上，自我修正的自由度越高越好。

一个市场经济内部的某个具体生产领域实验，与市场经济组织形式的实验，在重要性上无法同日而语。自由贸易并不意味着在制度趋同的市场经济内减少商业领域的限制，而是在制度多样化的市场经济内减少商业限制。此前，我已经解释了后者为何优于前者。

第二个方面，市场的多样性及其制度不确定性涉及世界贸易体系本身。如果市场经济允许不同的组织方式，那么，市场经济体间的自由贸易所遵循的普遍秩序也存在多样性。关于提高世界经济开放度的问题，根据这个修正过的观点，无论是国际贸易还是国民经济的组织上，各国不必为了建立或保持市场经济而遵循单一的制度程式。

发展开放的世界经济，与19世纪法学家从自由经济秩序的抽象概念建构法律和制度细节，两者有异曲同工之妙：仅通过断言某条路径是市场化路径，你无法证明其优于其他路径选择。你需要对贸易与增长的关系有所认识，也需要认识增长与其他利益及价值观的关系。你的认识要足以理解广义的自由贸易概念，也要足以对任何一个国家的市场经济组织形式作出界定。

市场和计划的简单此消彼长模型，曾是过去两百年内意识形态论战经久不衰的议题。根据这一模型，我们并不是被迫在多一点市场或多一点规制和指令中作出简单的选择。我们可以重新构想并重建市场经济。同样，作为自由贸易实践和理论核心的全球化，也并非一个不容讨价还价的是非选择。我们并非只能选择多一点或少一点，也不只能选择实施快一点或慢一点。我们只要改变对自由贸易的理解和组织，就可以对其作出不同的表述。

重新构想及重塑劳动分工：从图钉工厂到创新工厂

第五个观点涉及劳动分工。该观点考虑了各种规模和范围下的劳动分工，从工作站（work station），到工厂、商店、办公室，再到全球经济内的劳动分工。基于专业化生产以及自然或构建的比较优势的全球自由贸易，归根结底是一种劳动分工。我们对于劳动分工的前提假定，不可避免地影响到我们对于国际贸易的观点。我们需要对那些前提假定中的一部分作出修正。

劳动分工的图钉工厂模型可以追溯至亚当·斯密，并在亨利·福特（Henry Ford）的流水线上登峰造极，但这一模型无法解释某些现实或潜在的被称为"技术性（technical）"劳动分工的现象：工作站的工作组织形式。我们最好将图钉工厂模型作为更广泛工作组织形式的一种受限情形。挣脱这一受限图景的束缚，我们可以用不同的视角来看待劳动分工，并重新认识是什么导致了某些分工形式比另一些更有前途且更加高产。反过来，这些认识也改变了我们对国际贸易的思考方法。

在亚当·斯密虚构的图钉工厂中，劳动分工形式是完全等级化监督下的严格专业化任务。一方面，制作图钉的工人遵循严格差异化的劳动分工；另一方面，从顶层的指挥者和监督者，到底层的服从者，互相之间也同样是完全互不相干的，只是无限重复他们被分配到的工作。

这样的工作组织形式，看似具有无可比拟的优势。一个工人可以精于一项操作，而不是无差别地掌握许多技能。于是，避免了从一项任务转移到另一项任务，从而节约了最宝贵的资源——时间。关键点在于通过重复节约时间。

图钉工厂的劳动分工模型极具吸引力，很大程度上是由于其与某个关于经济增长限制的具体观点存在内在联系。该观点直至20世纪仍广为认可，认为经济增长所面临的最重要的限制是当前消费中存在的社会剩余的规模。这种剩余很可能是被强制攫取的；据卡尔·马克思所言，不断强制攫取剩余不仅是资本主义生产模式存在的重要理由，也是社会所有阶级的目的。一直以来，图钉工厂的工作组织方式被视为一种管制和压迫的手段。据此看来，这种工作组织方式为了未来的集体财富而牺牲了个人的欢愉。

然而，这种观点甫一提出，就已经过时且具有误导性了。我们现在知道，18世纪末到19世纪初的欧洲"工业革命"先锋国家，并没有比同时期的中国拥有更高的储蓄水平；欧洲的储蓄水平甚至低于中国。他们之间的差异体现在学术创新、技术创新以及组织创新的实践上，其根源在于社会和文化的特质。而统治世界大部分地区的官僚主义农业帝国，在这些特质上有所欠缺。

让我们来思考另一种关于劳动分工及其演化路径的观点。其出发点并非对于生产的不同理解，而是另一种思维方法。对于一些工作，我们知道如何重复；对于另一些，则无法重复。我们一旦掌握了如何重复一项工作，我们就能够将观点程式化地表达出来，并将该程式用机器具象化地表达出来。于是，我们可以将时间、精力和注意力节省下来解决我们尚无法重复的工作。如此，我们尽可能地将时间投入尚无法程式化重复的活动，从而最大效率地利用时间。

那部分我们尚无法重复的活动，即我们缺乏程式和机器解决的工作，正是创新的领域，也正是生产的前沿。在这个领域内，生产和探索具有差不多相同的内涵。我们试图调整生产活动的组织方式，使其成为我们思维实验的可见全景图以及工具：在这个不断推进的生产前沿上，我们彼此之间的关系类似于一个聪明人在解决问题。

为了理解事物的状态，我们必须想象其变化：我们必须了解其在某些条件或干预下将如何变化。可能出现的是邻近状态：当前现状发生某种易于出现的变化时，该事物将出现的下一步变化。我们可以将这些可能性中的一部分付诸实践，我们可能要将试验性的推测具象化为物质生产。于是，生产将不仅仅是思维实验的结果，也是思维实验的具体体现。

图钉工厂的生产模型所描述的工作组织，将劳动力作为机器。对于我们已经能够用机器程式化完成的工作，该模型仍然使用劳动力完成。我们也许有理由这样组织生产，但仅限于如下情况：劳动力充足且足够廉价，资本足够昂贵，机器稀缺且足够低端，而我们时间价值足够低——低到我们自认为能够承担自我重复。这可能的确是过去的劳动分工。这绝不会是未来的情况。

当我们将自己从大量组合限制（正是其促使图钉工厂劳动组织模型可行）中解放出来，我们转向另一条路径来理解和组织劳动分工：将生产作为共同学习和永恒创新。其生产原则颠覆了我们对于时间与劳动分工关系的认知。其关键点在于，不再通过自我重复来节约时间，而是通过避免重复来节约时间。标准化——产品和服务以及生产过程和组织实践的标准化，是重复中最显见的一面。

在这种新的分配方式下，劳动分工的趋势将是削弱而非加强监督和执行工种间的等级断层。由于全员参与，当生产计划可以在执行中遇到障碍或机遇时，可以进行调整。执行者中的专业化分工将变得不那么严格，同样，概念与实践之间的对立也不那么尖锐。如果生产计划得以持续进行试验性修正，那么，计划执行过程中的职责界定也可以不断调整。因此，掌握一套核心通用以及概念层面的能力，并拥有最大限度的适应性，将比任何岗位专用技能以及机器可替代技能都有用。

如果满足两类要求，那么，上述劳动分工方式将得以在更广泛的经济生活领域实现。第一类要求是，劳动力不再那么廉价，时间的价值也不再被如此低估，从而图钉工厂的劳动分工模式不再合理也不那么具有吸引力。第二类要求是，国家和社会塑造一种氛围，使得有益于创新实践与合作得以蓬勃发展。

我们这里描述的劳动分工形式是一种利于创新的合作，是图钉工厂的后续解决方案；要想这种劳动分工成功实现，必须缓解合作倾向与创新动力之间通常存在的冲突。当我在后文中再次回到利于创新的合作这一主题时，我将提到其发展前提是经济增长的中流砥柱，也是我们的经济利益与更高目标的交汇点。

关于劳动分工的这两种对立的理解，为全球贸易体系提供了一个不完备但很有力的评判标准。这一贸易体系是否有助于各国——所有国家开始或继续或停止图钉工厂的分工模式？或者，与之相反，这种体系是否促进一部分国家变成超大图钉工厂（或缺乏灵活性的机器大生产），而允许另一些国家采用有别于图钉工厂的分工模式？

国际贸易体系可能阻碍了一个国家跳出图钉工厂的模式。例如，在"知识产权"的标签下，这一体系将创新（包括创新性的过程和方法）变成了一项项财产。这一体系也可能禁止世界范围内的人口跨境流动，从而维持了劳动力和资本在相对稀缺性和价格上的严重不均等，进而促使某些国家采用图钉工厂的分工模式，而另一些国家则摒弃了这种模式。这一切进行得简单而深入；国际贸易体系知识将某种具体的市场经济模式内嵌于广泛自由贸易的规则之中。这种内嵌行为，浇灭了制度实验，也雪藏了未及实践的私人企业与政府行为的结合，从而阻止了从一种劳动分工到另一种的转变。

如果无法在世界经济业已发生的变化中找到立足点，那么，上述评判标准就失去了其大部分的针对性。根据我们熟悉的一种有关劳动分工的论述，更先进的资本密集型且技术精进的生产，发生在中心的富国。而更初级的劳动力密集型且技术简单的生产，发生在边缘的发展中国家。在这种观点看来，世界范围内的生产等级分布，是国际劳动分工的核心和灵魂。

但是，我们现在发现，更为先进的生产不仅出现在北大西洋的富裕经济体中，也出现在发展中经济体的第一梯队里。中国、印度以及俄罗斯不逊于美国、德国和日本。某些部门蓬勃发展的不仅是高科技的知识密集型工业生产；而是用更先进的方式理解和组织劳动分工，与我在前文提及的斯密的图钉工厂以及福特（Ford）的流水线不同。

全世界的这种先进部门都是一个整体。他们互相交换理念、实践、人员以及技术和服务。在某种程度上，他们的网络已经成为了世界经济的统治力量。他们创造的国民财富增长惠及许多国家，包括穷国和富国。

但是，这些高产的先进部门与其国民经济的其他部分仅保持微弱的联系。无论是富国还是穷国，绝大部分劳动力仍无缘参与高产部门。基于对劳动分工的对立理解，少数的先进部门与广大后进部门已经逐渐形成了彼此不同且互不关联的两个世界。这两者之间的鸿沟所酝酿的不平等，在表达中存在多面性，在实践中也极具效力。当前世界用于调节经济不平的两大工具，无法对上述不平等进行充分矫正：政府通过财税转移支付进行补偿性再分配；政治支持的小规模产权扩散。

因此，仅仅要求世界贸易体系促进每一个国家的经济脱离图钉工厂模式，或仅仅在社会和经济生活中扩大支持创新的开放合作，都是不够的。同样重要的是，一个贸易体系是否有助于广大普通人从图钉工厂进入创新工厂，从而不再将自己作为机器而将时间浪费在自我重复上。

一个核心概念：思维与情境

从本质上来理解下述概念：对广义经济活动以及具体国际贸易的理解。一种思维方式，以及我们人性的观点，共同影响了这种理解[①]。

关于思维和人性的这一概念体系，与本章所讨论的其他概念不

---

①关于这一概念体系及其所从属的更广义的哲学观点如何发展，参见我的著作《觉醒的自我：自由的实用主义》，哈佛大学出版社，2007年。

在同一个层面上。这一概念体系包罗了其他所有概念，又渗透于所有概念之中。与其说这一概念体系是其他所有概念的基础，不如说是其他所有概念的共同要素。每当其他任何一个概念进一步精炼和论证以后，这一概念体系都得以更好地阐述并具有更牢固的理论基础。在这一概念体系的语境下，本章前文探讨过的概念都得到了进一步深化。

思维包含两个层面：第一个层面，思维是模块化和程式化的。思维的模块化体现在，由不同部分组成，而这些部分功能不同且由大脑不同的区域实现。在表达思维的不同部分时，大脑不同的区域遵循可塑性的要求：在适当宽泛的限制下，大脑的一部分可以承担另一部分的习惯性功能。思维的程式化（基于其模块化）体现在，各部分遵循程式而重复工作。在这一方面，也仅仅在这一方面，由大脑实现的思维犹如机器实现的程式。

在模块化和程式化的层面，思维是一具僵尸。它根据强制指令行动，在重复活动中消耗生命。但是，如果思维仅仅是一具僵尸，那么，意识领域的典型经历将难以解释也无法实现。意识是加总的：它将视觉、行动以及问题解决作为一个整体来面对，并用与该总体的关系来解释具体事件。意识是出人意料的：它藐视限制，藐视一切用先验的前提、方法以及标准构成的封闭系统。意识是可转化的：通过探索其转化变形——在某种干预压力下可能转化出的形式，意识可以理解事物的任何具体形态。

因此，在第二层面，有意识的思维展现了上述加总的、出人意料的以及可转化的特质。这里，思维不再像一具僵尸。它具有了灵魂，我们的所谓"灵魂"是指未被任何具体的生活情境或其他各种情境涵盖也无法被涵盖的经历。在这第二个层面，思维具有典型的力量，可以无限循环，可以进行非程式化的创新，也具有否定的能力。借助其无限循环的力量，思维将有限的元素（语言、思想）构成了无限的组合。借助其非程式化创新的潜力，思维可以推动其尚无法重复或无法程式化的做法。借助其否定的能力，思维超越了其行动和思想所处的习惯性的有条理的情境，从而变得更为强大，并且形成了洞见。

对于上述力量的圆满表达是，为思想和行动建立一个情境，促进突破限制的行为，并将其作为不断修正该环境的机制。其结果是，弱化了情境内外的对立，并使改革不那么依赖于危机，也使未来不那么受制于过去。

思维在两个层面上的相对重要性，并不是一个自然现象，其测度无法脱离历史时期和社会情形。假设社会和文化都采用了当前的组织架构，不接受任何挑战和变革，那么，我们在给定的情境下采取的寻常行动，与我们受到危机影响而寻求变革所采取的非常举动，这两者间的差距将扩大。可供思维的第二个层面——加总的、出人意料的以及可转化的特质进行自我表达的空间将缩小。这一层面将处于阴影之中，或将被边缘化，其表达将有赖于卓越的智慧以及非凡的情境。

现在，假设社会和文化并未采取理所当然的组织形式，而是对批评及修正采取开放的态度，那么，我们在给定情境下采取的日常行动，与我们对其修正时采取的非常行动，这两者间的差距将缩小。于是，思维的第二个层面将有更多机会显示出来。这一层面永远不会成为精神生活的全部，但将占据重要的地位。思维两个层面间的关系，将变得最为重要，甚至将成为高雅文化的一个主题。

因此，思维两个层面的关系永远不可能由自然做出最终决定；其最终决定来自政治：取决于社会和文化的安排，尤其是这些安排在多大程度上禁止或鼓励自我修正。

思维的两面性有助于建构并体现我们的人性中基础且普遍的特质，即我们可以跳脱情境的限制。所谓我们是精神的体现和情境化，是指我们认识到，我们自己构建并栖居其中的社会、文化、组织以及信仰的限制性指令永远不能将我们耗竭。相较于我们本身而言，这些限制性指令是有限的。相较于这些指令，我们是无限的。我们的内涵总是比这些指令丰富。

我们能够做的，不仅是反抗所处的情境，从而实现其无法容纳的观点、发明或经历。我们可以创造情境，使之比现有的情境拥有更完善的自我修正能力。例如，市场经济或贸易体系的某种组织方式，允许我们渐次或同时试验多种合同与产权体系。这样做的结果是，我们得以弱化改革对于破坏的依赖，并打破情境内外的差异壁垒。我们将得以进入一个新世界，而无须放弃我们对其进行反对和重塑的力量。

关于思维两面性的观点，以及与之相联系的关于人性的更广泛的概念体系，提出了理解经济活动与劳动分工的一个广义方法。本书的核心论点所涉及的一些彼此联系且部分重合的主题，对这一方法进行了界定。

第一个主题是，我们能够重复与无法重复的活动或劳动形式之间的差异。我们能够用程式来描述可重复的活动，并用机器实现这些程式。通过重复以及使用程式和机器，我们得以将更多的时间和精力投入尚无法重复的活动。可重复与尚无法重复的活动之间的差异，对我们的物质进步（包括生产率提升）发挥了核心作用：第一个例子中的劳动生产率及其所属因果链中的全要素生产率。这些都基于思维的两个层面之间的关系。

第二个主题是，工作中劳动分工的两种安排方式之间的对立性。一种方式将大部分工作降级为基于思维第一层面的僵尸型活动，将思维第二层面的加总的、出人意料的以及可转化的属性留给了管理者或顶层掌权者。亚当·斯密（Adam Smith）的图钉工厂与亨利·福特（Henry Ford）的流水线都应用了这种方式：监督型工作与执行型工作之间严格不相容,不同的执行型任务之间也严格不相容。

另一种方式则是创新工厂,在思维架构中给思维的第二层面留有更大的空间。这种方式将执行任务作为修正任务的机会,并弱化了概念与执行之间的对立以及执行型工种之间的对立。这种方式调动了我们的重复能力,利用机器实现程式,从而将我们更多的时间和精力转向生产的前沿,处理我们尚无法重复的活动。如此,这种方法让理想进一步照进现实,将工作变得更接近我们想象的样子。(想象不过是思维第二层面的另一个名称。)通过上述做法,这种方式为重塑全社会提供了一个微观模型。

第三个主题,我称之为"有利于创新的合作"的一系列合作实践,这对经济增长有决定性的作用。一切形式的物质进步,包括经济增长,都依赖于合作。我在后文中将会论述,市场经济本身就是一种简化的合作形式,发生在少量信任的陌生人之间;当完全没有信任时,这种经济不复存在,但当信任度很高时,这种经济形式也毫无必要。

但是,创新几乎与合作同样重要。创新依赖于合作:如果没有可靠的合作,无法实现组织上或技术上的创新。然而,创新与合作的必要条件通常是冲突的。因为在任何一个合作体系内,每一次创新都威胁到了大部分参与者的权益,并可能打破既有的预期。例如,一项新技术可能被认为加强了某个既有的或新兴的部门的劳动力需求,但同时威胁到了另一个部门的岗位。

当我们接下来规划一个能够缓解合作与创新之间对立关系的合作体系时,将出现一个价值重大的进步。被我称为创新工厂的劳动技术分工,其本身就是这种进步的一个体现。更广义地讲,这种进步也体现为任何一种允许在执行过程中对定义进行修正的合作形式,例如突击战术:所有执行者都能在一定程度上参与再定义,并且参与者们拒绝遵照事先给定的等级优势,也拒绝遵照限定其如何开展合作的角色分配。

有利于创新的一系列合作实践，有赖于塑造其特质及内涵的具体条件。基本的教育和经济禀赋及其对个体的效用，必须尽可能普及；这些条件绝不能依赖于某种具体的工作。尽管社会并未受限于任何严格的促进境遇平等的义务，但社会对机会平等的追求是毫不含糊的。社会必须支持打破固有角色分工和等级优势的实践和安排，无论这些争议的优势是来自财产的代际传承还是因为接受了高质量教育。必须有一种试验性的动力促进这种文化渗透到社会的方方面面。教学实践为上述动力提供了支持。而这种教学实践，在方法上，必须是敢于质疑和分析的，而不是信息汇总式的；在范围上，必须是精选的，而不是百科全书式的；在社交形式上，必须是合作的，而不是个人主义或者权威主义的；在方向上，必须是多元辩证的，而不是教条的。

上述条件能否实现，取决于公共和私人层面对思维第二层面能力的培育情况。反过来，这些条件也有助于建立一个环境，使我们的精神世界的这一层面得以走出阴影，并成为我们个人和社会体验的中心。

第四个主题是，有必要建立一种关于市场以及市场经济的思路，即通过观察市场上进行的零碎的重构、生产要素的自由组合以及产品的自由交换，对某种具体的市场组织形式作出评判。当我们观测到更自由的交换与贸易以及更自由的市场要素组合时，我们可能会说市场经济的主要理念已经实现了。但是，这样的双重自由，可能是在一种制度环境中实现的。作为一种面向市场的交换和生产的组织方式，这种制度环境并不接受挑战和变革。

一旦发现了这个隐形的限制，我们就发现自己不得不思考第二个方面不太熟悉的问题。我们需要考虑市场活动制度框架的自由度，以及如何在此框架下进行交易。市场原则是否太过激进，我们现在对此的评判取决于两方面的考虑，而不是仅仅考虑一个方面。如果一个方面的自由度（即交易和生产要素的组合自由）提升，是以牺牲另一个方面的自由度（即对交易环境进行变换和修正的自由）为代价的，那么，我们必须说自己是不成功的。

想要用上述思路来思考市场，我们就必须改变更为传统的经济学思维前提——理论中很少认可，但分析和论证的实践中习惯性采用的观点是，市场只有唯一的自然且必要的制度表达。挑战这一观点，看似没有胜算，但是，这种挑战为我在上文中描述的关于市场的思路提供了支持。通过与市场经济多样化制度形式的设想相结合，这种挑战变得很有希望。

关于市场的两方面思路，与我们所接受的自由贸易假定前提不相容。如果降低贸易壁垒阻碍了贸易各方安排生产和交换以及组织各自市场经济的多样性尝试，那么，对于一个国际贸易体系而言，降低贸易壁垒是不够的。

在研究具体贸易和广义的市场活动时，我们越关注两个方面而不是仅仅一个方面，我们的提议就越可能使世界变得更有利于思维的第二个层面。最优的框架，包括最优的全球贸易框架，是拘束最少的，即使将拘束冠以自由之名。因此，最优的框架也将最适合我们进行无限循环、非程式化创新以及大胆否定。

第五个主题是，在经济发展中，创造差异与从多种方案中甄选出最高效的那些，两者同样重要。正如生物进化的自然选择取决于一系列可供选择的不同物质，经济史上的竞争选择取决于适用于选择的事物范围和多样性。

我们所谓"差异"是指什么？为了指明所有相关的差异形式，我们不妨通过形成经济活动的过程、实践、机器以及组织回溯到经济活动的结果，直到我们触及生产和交换的制度环境——产品和服务的多样性；进而，触及生产和贸易中的人员、观念和机器的组合方式；最终，触及市场活动的基本制度安排，包括产权和合同体系。

可供竞争性选择的事物的多样性，以及最高效的竞争性选择结果，如果我们将两者置于同等重要的位置，那么，我们对于经济活动的思路，在方向和结果上，将区别于单纯强调后者而将前者视为理所当然的思路。

用经济发展的实践进程来解构理论，有助于揭示理论的直观内核。在抵消相对落后的制约时，政府能动性与集体行动是必要的。例如，利用某一生产线上的技术进步去带动另一生产线的发展，这种做法仍面临困难。一方面，生产活动的网络太过稀疏。另一方面，生产活动的落后性，已经决定了其将拒绝接纳足以扩展到邻近生产线的通用型可移植技术。由于这个以及其他原因，补全缺失条件并有意刺激创新创业热情的觉醒，都将是非常重要的。

于是，通过国内外竞争（我在后文将探讨其资格条件）对产品进行严苛的选择，将成为最重要的事情。但是，觉醒与选择同等重要；必须经过一系列的努力，克服经济在供给侧和需求侧的重重障碍，从而实现两者同步前进。只有当觉醒与选择共存，这一概念体系才能在整个经济中全面推广。通过这种推广，我们的经济思维将多样性和高效性等量齐观。

正如第四个主题与市场经济多样化制度形式的设想紧密联系，第五个主题关联着思维的两面性，阐述了我们的活动与其制度及概念情境的关系。我在首次提及思维两面性时，就论及了这个关系。差异的重要性，深深植根于我们对于所有具体活动情境的超脱性。无论从个人还是集体的角度，我们的内涵总是比情境的内涵丰富。正因如此，我们无法在思想或社会生活中找到一个绝对的参考框架来容纳我们有理由珍视的所有权力和全部经历。

相较于一个绝对参考框架，其次优选择是一个适于自我重塑的框架，同时也允许我们参与其中，而不必用我们的批评、反抗和修正的权力做出让步。参与而不让步，入世而能跳脱，这就是一种最基本的自由和权力。第四个主题强调改变交易框架以及在其中进行交易的自由，与上述观点是直接相关的。

  第五个主题，即关于创造经济生活差异的核心重要性，关系到上述观点的更深层含义。因为我们的人性没有绝对的适应情境，也没有任何情境能够客观对待我们的创造力和生产力，所以，只有差异化才能使我们更加强大：选择不同的发展方向，创造不同的生活方式，用不同的方法做不同的事。如果差异化不是势在必行，一个人没有想象的必要和基础，也就没有思维第二层面活动的必要和基础。我们缺少的是这样一种奢侈：将结果、过程以及环境的多样性视为一个前提假定，而不是一项任务。如果不能将多样性和高效性等量齐观，那么，这种经济分析将误解经济的本质及其变化。

第四章 命 题

本章命题的本质

之后几页探讨的批评和观点引发了三个理论推断。这三个推论为我们的思维提供了一个出口，使之得以脱离关于自由贸易的传统思路。我以实证推断的形式非正式地展示了这三个推断，虽然没有用事实进行结论性的验证，但也没有失去历史经验的支撑。与其他任何试图理解复杂现象的方法一样，我们需要从两个方面评判这三个推论：一是其理论的丰富性；二是其能否成功阐释当下的问题。这三个命题对于经济分析实践的意义，远远超出了国际贸易理论的范畴。

相对优势命题

就发展水平和生产率（全要素生产率以及劳动生产率）而言，当贸易双方既非大致相等也非差距很大时，设置贸易壁垒看似最为名正言顺。当贸易双方的发展水平和生产率天差地别或旗鼓相当时，实行自由贸易似乎最为有利。当贸易双方的发展水平和生产率虽有差距但不太悬殊时，即当相对落后的一方处于相对先进一方的打击范围内时，自由贸易造成的损害和威胁可能是最大的。在这种情况下，主要负担将落到相对落后的经济体上。这种情况中，国家间的发展水平及生产率存在差异，但差异并没有大到令相对落后的国家无法再次进入由相对先进国家进行专业化生产的商业领域。我将这种情况称为相对优势。

为了阐释这一推论并理解其支撑理论，我首先从前文提及的观点展开，即效率与发展之间的对立关系。一方面，基于给定比较优势的专业化生产及劳动分工保障了效率；另一方面，模仿、学习以及标准设立促进了发展，进而重塑了比较优势。

试想一个教育学上众所周知的常识：要想促进学习，既要不断推进学习者的极限，又不能太好高骛远而使任务远远超出了学习者的能力范围。回到日常生产以及生产型创新的语境中，上述常识指出了当今术语所谓"标准设立（benchmarking）"的重要性。在国家及国际竞争中，世界某些地区的实践、技术或制度安排显示出相较于其对手的优越性。这就立刻引发了以下问题：这些地区的成功，在多大程度上依赖于当地的经济条件，且这些条件无法被其他地区轻易复制，例如，不同地区的劳动力相对于其他生产要素的成本，或生产加工与其投入的相对邻近性。部分相关的有利条件可能超越了经济的范畴：既有的合作传统，精细的工艺，以及学校、家庭和职业中的教育。

接下来的问题总是一样的：如何赶上这种"最优操作"以及如何在使用这种操作时对其进行重塑。要达成这一目标，就必须遵循皮亚杰（Piaget）的格言"模仿即发明"。新生事物必须与旧有事物相结合，外来事物必须与本土事物相结合。毕竟，本地化的创新最终并不会本地化；落实这些创新将对最初看似无关的其他实践、利益以及态度产生压力。

　　转型的成本很高，冲突和不确定性也很多。怀特海德（Whitehead）的警告"未来是危险的"甚至在毫不可爱的日常生活琐事中也适用。通常，在使用新操作、新技术或新政策时，模仿者与发明者无法立刻达到发明初衷所期望的效率。事情在好转之前可能变得更糟，也就是说，可能变得更加低效且充满矛盾。

　　通过依托其处境中的某些补偿性优势，发明者或许能够抵消转型的成本。这些可供依托的优势中，最重要也是最危险的，就是较低的劳动力成本。其危险性在于，创新和增长的核心一贯强调从节约资源转向节约劳动力。

　　上述考量既不适用于经济发展水平悬殊的国家，也不适用于经济发展水平相近的国家。在这两种情况下，贸易保护下的模仿、创新以及标准设立的优势，不太可能取代基于给定比较优势进行专业化生产的预期获利。但在这两种对立的情况下，模仿、创新以及标准设立的重要性并未削减。它们只是与自由或更自由的贸易产生的可抵消的优势不那么对立。

　　当两国的经济发展水平存在天壤之别时，那些通过唾手可得的几步创新就能够生产出来的产品和服务，不太可能与更先进的贸易伙伴进行直接竞争。如果这两个国家的产品在性质和组成上没有区别，那么，生产它们的劳动力相对成本肯定差异巨大。

　　当两国的经济发展水平等同时，由模仿或标准设立而促成的创新通常会导致激烈的国际竞争，正如这些活动会导致高强度的国内竞争一样。当面临超出其掌控的挑战时，经济发展水平相近的贸易各方并不会失去必需的竞争动力，竞争将激励创新实践。

　　但是，这一原则所受到的限制，在实践中具有重大意义。发展水平及生产率相近的经济体所具有的竞争优势，可能来自规模或技术的集中。如果没有这样的先决优势，即使这个发明者与其贸易伙伴的发展水平相当，其进入该商业领域也相当困难和危险，同时也将耗费很高的成本。然而，对于这一点，自由贸易的鼓吹者自有其强力应对。为了促进规模和技术的新一轮集中，同时无须为广泛的落后进行辩护，贸易壁垒得到了支持，而政策制定的教条则强加给了企业家。

一方面，竞争优势确保了国际专业化分工及自由贸易；另一方面，相互模仿的标准设定刺激了创新实践。在两国发展水平悬殊或两国发展水平相当这两种状况下，上述两个方面并不存在不可调和的矛盾。通过公共政策和私人企业的结合，贸易各方能够对其给定的比较优势进行重塑；他们无须将现存的比较优势分布视作理所当然。自由贸易是正确的主张，但其基础是将比较优势作为可以构建的：比较优势是集体或个体在经济和政治上的才智及创造的产物，而不是必然和天然给定的。

与此相反，在相对优势中，自由贸易体系内的专业化生产获利与贸易保护下的创新收益，两者之间的冲突被证明是最突出也是最持久的。因为，只有在这种情况下，面对更先进的竞争对手时，创新者最不可能也不会被建议依赖低得多的劳动力成本或其他补偿性优势。于是，当改革者利用模仿进行创新时，选择性保护将成为对其有益的缓冲区。此时的挑战被限制在门槛以内，而超出门槛的挑战将不再具有激励作用，而变得令改革者难以承受。

没有一个简单的标准能够测度两国发展水平的距离是否显著。我们用这样的说法，是为了表明这个概念体系里实用主义和行动导向的部分。就生产体系而言，当相对落后的国家与更发达的贸易伙伴之间存在几个阶段的差距时，这两个国家的差距就是显著的。只有当落后国家具备了赶超意愿和可行的赶超方案时，这种距离才是显著的。赶超方案不一定是各方达成一致的结果，也可能引发冲突和争议。但是，这个方案在实践中至少是部分可行的。如果没有赶超意愿，那么，这些方案及其有效性——限制自由贸易和验证比较优势学说的原因，就失去了作用；如果没有一个当即可行且被充分理解的方案来缩小距离，那么，这个距离就不是显著距离。

当今世界经济的一系列具体特质，大幅增加了以下情形：相对落后经济体重复进入相对发达经济体进行专业化生产的商业领域，即相对优势的情形。尽管受到了知识产权法律的制约，跨国公司依然将高科技和先进的生产实践带到了全世界。几个主要发展中国家的政府大力支持先进科学技术的教育和研究。但是，相比更富裕的国家，这些被公共和私人创新推动的国家，往往保持着极低的工资水平。因此，就最先进的生产部门而言，工资水平与不同国家的劳动生产率可能并不紧密相关。于是，工资因素对全世界各国生产分工的影响力将被削弱。

累积的结果是，可追赶的显著差距范围内的经济体数量或这些经济体内生产部门的数量将大幅增加。如此一来，比起最初的时候，相对优势的推论的适用范围大为扩展了。这一推论最初看似存在边际例外，但现在即使不能说与世界经济普遍联系，也可以说具有广泛的联系了。这一推论无法适用的远端情况，即发展水平相近或悬殊的情况，也可能被当做例外对待。

根据相对优势推论做出的预测，与我们所熟悉的那些基于选择性贸易壁垒的论断相矛盾。基于相对优势的预测认为，在有限相对落后的情况下，即存在可追赶的显著差距的情况下，相比于相对先进的经济体，相对落后的经济体面临着最大的危险，并具有最强势的理由来推行选择性壁垒。

传统观点认为，贸易的负担主要落在相对发达的经济体上。相对落后的经济体的劳动力成本更低，但其生产率与相对发达的经济体不分伯仲。因此，当相对落后的经济体进入同样的生产领域后，相对发达的经济体将遭受工作岗位的流失。根据我在本书中提出的思路，上述传统观点需要在两个方面作出修正，而这些修正将改变该观点关于负担落在何方的预测。

第一个修正在于，要坚定地认识到，我所反对的这个观点夸大了廉价劳动力的优势且低估了依赖廉价劳动力的危害。劳动力报酬的上行压力，以及由此引发的技术和生产流程由资源节约型向劳动力节约型的进步，都对经济增长产生了重要的影响。当代世界经济史的每一个路口，都经历了这样的转变。诚然，18世纪晚期以来，北大西洋世界的革命性经济发展中，上述转变扮演了重要的角色。

第二个修正在于，我所反对的那种方法无法完成显著差异情形下的最高任务：在"模仿即发明"的理念下所采取早期行动，需要试验以及由此产生的错误和成本。

在这两个修正背后，都是一个具有更广泛适用性的理念。要想把握创新和增长的动态中的基本要素，我们需要再次思考人和机器的因素。人进行的活动中，有一部分是他不知道如何重复的，另一部分是他知道如何重复的。一旦他掌握了如何重复这些活动，他将用一套程式来表达这种重复，并用机器来实践这个程式。他的策略是，将注意力和时间的焦点不断从可重复的事情转向暂时无法重复的事情。节约劳动力适时且全面地取代节约资源，成为一种福利而非祸患，因为竞争的压力将推动这一进程。

在相对更先进的贸易方的压倒性优势（补偿了其更昂贵的劳动力）下，如果标准设定、模仿以及创新的实践遭受打击或被中断，那么，接下来将发生什么？结果是变革（尤其是通过机器取代重复劳动以及通过将更多时间投入尚未程式化的活动而产生的变革）将被打断、被延宕或被放缓，而这些变革本可能促进全要素生产率以及劳动力生产率的持续增长。这种灾难性的预期，成为了相对优势情形下设置贸易壁垒的理由。

我们可以提出如下反对意见：在全球化的进程中，由于跨国公司的广泛分布，相对优势情形下，对模仿型创新的阻碍力度将削弱。正如蜜蜂为一株又一株植物授粉，这些跨国公司被吸引到相对落后的经济体进行生产，并带来其所掌握的更先进的技术。

然而，有三个事实紧密联系在一起，缩减了补偿性报酬的价值。第一个事实是，跨国公司更容易被显著且持续的低廉劳动力成本吸引。但是，对于劳动力节约型技术以及工资上涨的偏好，正是这一推断背后的一大考量。第二个事实是，在劳动力价格更低廉的情况下，跨国公司通常倾向于采用相对更落后的技术以及更严苛的流程来进行生产。更有甚者，跨国公司分解了生产流程，将每一步生产安排在最适合的地区。这两类做法显示，当相对落后的经济体通过模仿和创新跻身世界生产的前沿时，跨国公司与这一发展关联甚微。第三个事实是，跨国公司的作用可能是有害的：母国可能阻止跨国公司对其引入的技术进行调整和发展。知识产权法规可能加剧进口之恶，同时诱发更多出于贪婪的禁止性法条。至于为什么要珍视国家的独立性及其在创新的形式、方向和用途上的多样性，我在前文中讨论过的人类社会政治分割的经济学意义已经指出了一个基本的经济学原因，而在后文的自我修正论断中，我将对此进行进一步探讨。

现在，让我们来思考以下两者的关系，即相对优势推论与支持选择性保护的早期工业传统论点的关系。对于传统论点中被扭曲的成分以及被删节的事实，相对优势推论试图加以挽救和纠正。但是，这一推论与早期工业保护主义的经典案例有两个方面的差异：一个关于早期；另一个关于工业。

一方面，这一推论的重点并非早期工业的起步阶段；其强调的是工业中的创新步骤，这可能是形成已久的工业，且其所在国与贸易伙伴间已经存在或预期将要开展自由贸易。有些经济体业已成为主要工业国，但仍在高增长下保持贸易保护，例如 19 世纪末至 20

世纪初的美国。该推论的这一重点与上述历史一致。

另一方面，该推论的焦点是整个国民经济，而不是具体的厂商、产业或部门。这一焦点背后的假说是，同样是相对落后的部门，在相对发达的经济体与相对落后经济体中的境遇具有根本性的差异。在前者中，如果才智和洞见唾手可得，那么，这个相对落后的部门将从其所在的发达经济体的其他部门迅速吸收人员、方法、技术和理念。这个部门可以从整个发达经济体的物质、教育以及社会资本中获益，而正是这些资本使这个经济体得以成为发达经济体。在这种情况下，物质、金融、人力以及概念性资源从相邻部门流入，从而带来才智和洞见。如果这些都无法弥补该部门的落后，那么任何保护主义的措施都无法将其从自身的失败中拯救出来。此时，自由贸易的标准形式就适用了。对此，与其说是早期工业的影响，不如说是发达经济体的作用。

相对优势推论衍生出了复杂的世界贸易体系。而有关早期工业的论点，聚焦于经济部门而非整个国民经济，永远无法构造出同等复杂的贸易体系。如果发展水平相当或悬殊的国家间存在更多的自由贸易，而当相对落后的贸易方能够通过明确可行的步骤迅速赶上领先者时，自由贸易则变得更少。那么，如何才能构建一套普适的贸易规则来服务各方的利益？

在第一种情形下，各方希望贸易越自由越好（这两个推论对此设定了重要的前提，后文将有讨论）。在第二种情形下，给各方留有操作空间的贸易体系对所有贸易方更为有利（这也服从与第一种情形相同的前提）。此外，贸易各方的相对地位一直都在变化。因此，一个时点上最优的全球体系，未必在另一个时点上也是最优的。

这一推论的核心启示在于，世界贸易体系的组织架构必须尽可能地容纳多样性的利益和目标。这种包容性，不应被视为限制，而应作为目标。当前推崇强行同质化的学说，必须被重视试验的理念取代。

现在，我列举四条针对相对优势推论的反对意见。通过讨论这些反对意见，相对优势推论有机会在一些方面得到进一步证实，而在另一些方面得以精炼和加强。如果不将相对优势推论置于世界劳动分工以及经济学方法的概念体系内，我们就无法回应这些反对意见。

第一条反对意见认为，对于两国经济差距是否显著，相对优势推论缺乏一个无可争议的测度标准。诚然，的确不存在这样的测度标准，可追赶的显著差距的意义是实际的：是否存在一系列可行的步骤，即对政府、厂商以及其他社会经济主体而言可行，能够使工人和企业以持平或更低的成本生产与其贸易伙伴相同的产品或服务。

贸易伙伴不必生产完全一样的产品和服务，例如拖拉机与汽车、保险公司的数据收集和分析与金融中介客户服务。考虑到规模优势、集聚收益以及积累和集中必需技能所形成的价值，历史偶然性和路径依赖也在很大程度上造成了某种具体的国际经济专业化分工。但是，产能收敛的可行解，必然是与贸易伙伴生产类似的产品和服务。同样，关于类似性的检验也是实践性的：你将如何用一样东西去做另一件事情，或者如何将一种技能转化为另一种。

经济发展的一个特点就是，通用能力在经济中发挥更大的作用。这些通用能力中，最重要的是社交和心理能力。这两类能力关系到你掌握合作中有利于创新的做法，也关系到将时间分配从重复劳动中调整出来——用机器实现重复劳动，而将时间投入我们尚无法重复的活动。经济生活越具备这些特质，我们的能力就越大，从而能够用一样东西去做另一件事情，并将一种技能转化为另一种。在更高级的发展阶段，国际专业化分工将变得更具有流动性。进入一个类似生产领域的壁垒，以及其他的同类阻碍，将变得不再那么令人望而却步。

因此，在一国政府及厂商脱离既有国际比较优势布局并构建新的比较优势的进程中，一切助力或阻力，都将决定该国的经济与其贸易伙伴是否存在可追赶的显著差距。通过取消发展策略中对本国经济的不当保护，减少对利益的依赖和对外国资本、外国经济力量以及外国建议的歧视，一国可以增强其脱离既有比较优势布局并构建新比较优势的能力。为了达到这一目的，该国需要允许其自然、金融以及人力资源的流动，从而组织起一场没有硝烟的经济战争。该国需要有能力发展和改造一些并未被经济大国及其关联跨国公司控制的技术。该国需要强行提高国内储蓄水平（依照"外资需求越少则外资效用越大"的原则），并开发新的制度安排使储蓄与投资的联系更加紧密。同时，该国需要使资本的自由流动服从其增长策略的需求。反抗不能确保成功，但是，在绝大多数特殊的转型期内，屈从就意味着失败。

缺乏衡量经济的可追赶显著差距的测度标准，与我们的社会经验及知识的两个深层特性紧密相关。社会事实的第一个特性是，不存在一个封闭的可能性空间。既没有先验的事物可能性状态列表，也没有一套因果律可以确保可能性空间是封闭的。所谓"可能"是邻近的可能：这种事物的状态，我们可以从现在所处的位置达到，其中需要经由一系列的步骤，并需要我们专门创造一些制度和概念。

社会事实的第二个特点关系到其与自然事实的区别。与自然界的事物不同，社会事物并不是单一明确的。社会事物的存在，或多或少与固化程度相关。亚里士多德关于存在度的学说，最佳的应用是在社会事物而非自然事物中。社会制度与文化惯例，包括我们的经济制度及其假设前提，在组织架构上都保持在不被挑战推翻的程度，从而将自己伪装成自然事物。正如卡尔·马克思在其对政治经济以及"商品的拜物教"的批判中指出的，人与人之间的关系看起来就像人与物的关系一样。

我们不必将社会事实自然化，也不应默许其在社会和文化的组织架构中自欺欺人地披上自然性和必然性的圣光。我们在物质、社会以及精神层面最大的兴趣是，重构社会与文化，从而增强我们对制度安排以及假设前提进行修正的能力，而不需要将危机作为变革的条件。

根据第二个反对意见，相对优势是特殊性的，而非普遍性的。据此认为，相对优势是一个错误，将我们关于自由贸易的思路建立在异常性而非典型性的基础上。

为了理解这一反对意见如何进入误区，我们首先需要回顾比较优势的最重要内涵——规模报酬递增。一个内涵假定是，国际专业化分工安排具有很大程度的随机性。发展水平相近的贸易双方，都有可能生产计算机或飞机。但是，一旦贸易中的一方实现规模经济并将技术集中于一个生产领域，那么，其在生产中的地位就相对固定了。贸易伙伴间的生产线互换是困难的，几乎不可能完成。另一个内涵假定是，自由贸易中的进步可能不是帕累托改进：贸易体系中的某些参与方将承担损失。

结果是，使世界生产专业化分工的任何一种既定布局（如果不是随机的）至少严重依赖于一系列具体的偶发事件：贸易中的哪一方率先在某个生产领域实现规模经济和技术集中。起初看起来，只有在双方发展水平不相当的情况下，这种操作空间的扩大才能发挥最大作用。技术和全要素生产率上的实质差距可能将导致这样的结果：技术发展及生产率水平较低的经济体中的企业，将很难进入那些在相对发达的经济体中业已蓬勃发展的生产领域，除非这些企业设法使自身的技术和管理水平远高于所在国的平均水平。根据上述逻辑，相对优势的推论的确描述了一个例外的情况。

但是，相对优势的推论并非仅仅适用于特例。由于一个更详尽的原因，现在，这个推论适用于更普遍的情况。实际上，这个更详尽的原因用当代语言表述了一种更为持久且普遍的力量。

这个明显的详尽原因就是，先进生产技术及方法的传播，与劳动报酬的巨大差距并存。于是，在一些主要的发展中国家，许多厂商甚至整个部门将相对低廉的劳动力和相对较高的劳动生产率水平结合起来。相比起其他任何因素，这种结合有助于拓展相对优势推论的适用范围。

当代格局中的许多不同特点激发了技术扩散，其中包括：跨国经济的全球活动将机器和技能从一个地方带到另一个地方，而其驱动力甚至只是贪婪；国家政府犹豫不决地尝试发展不受跨国公司控制的技术；以及，尤其是教育和模仿的力量，使技术的发展和传播不再受制于利润最大化动机或知识产权体系。

即便已经大幅提高了劳动生产率，某个国家或生产领域依然保持相对较低的劳动回报，将导致一个引人注目的现实，即中国和印度的数亿名工人进入世界劳动力市场——该市场的形成基于劳动力不得跨境流动。在相对优势推论所描述的情形下，无怪乎中国和印度已经成为了主要典范和受益者。

我们应当认识到，这个情形中的每一个元素，都蕴含着使之持续并深化其影响的潜在力量。试想，如果许多主要的发展中国家真的成功取消了发展策略中对本国经济的不当保护，并允许其自然、金融以及人力资源的流动。试想，如果上述做法真的使这些国家不必在可预见的经济演化梯级上进行缓慢且服从性的爬升。试想，如果选定的劳动分工形式真的不再是亚当·斯密的图钉工厂，不再有刻板的层级制度和严苛的专业化分工，而在持久创新的利益驱动下，专业化角色之间以及监督者与执行者之间的对立也日益消减。试想，如果上述转变真的触及了每个主要国家经济的更广大范围，而不是局限于高技术和深度知识的先进部门。试想，在全世界范围内，如果我们真的不仅将生产视为科学的应用，还愈发将其视为一种实用型的科学实验：我们通过设想改革性的变化来理解这种实验，并将部分设想出的变化转化为实体——用以销售的产品和服务。试想，工资的上行压力促使我们用机器取代我们业已能够重复的操作，而不是用人力取代我们尚未认为值得购买或开发的机器。试想，如果教育、政治以及文化的组织架构真的都鼓励将试验性的动机付诸实践，从而减少了变革对于危机的依赖。试想，如果国家政府反抗和崛起的承诺真的刺激了当前的科学、技术以及组织的理论和实践，并使之在全世界范围内持续传播。试想，如果上述所有趋势真的在一个继续限制劳动力流动的世界中付诸实践，而部分地基于这个原因，这个世界的不同族群间也将继续存在生活质量的巨大差异。

全球不均等长期存在，同时，试验性的方法、态度和制度安排在世界范围内的发展与国家主权共存。在这样的世界中，相对优势被认为是贸易伙伴间的正常情况。与之相反，如果贸易双方的发展水平悬殊或几乎相同，那么，其贸易就被视为非常有限且岌岌可危的情况。穷国的企业，可以凭借廉价劳动力在先进生产领域脱颖而出。而富国的企业，尽管享有较高的劳动生产率，但在面对试验性的冲击时，他们的成功可能骤然止步，抑或在重构教育和政治体系时，他们将遭受全国性的失败。

这些想象中的推断，毕竟并不是太过虚幻。这些推断放大地表述了当今最具实力的经济体中的一些趋势。通过这样做，这些推断有助于解释相对优势为何描述了一个普遍而非例外的情形——无论现在还是未来，只要世界的经济不均等和政治分割继续存在。

第三个反对意见认为，在未经充分论证的情况下，相对优势的推论转变了自由贸易被证明为最麻烦的部分。关于自由贸易可能对富国工人和厂商造成的麻烦，我们今天对这种论点更加熟悉。但是，这个推论首先聚焦于自由贸易给发展中国家造成的麻烦：那些从低位进入可追赶的显著差距领域的国家。在思考这一重点转换的深层原因之前，从回顾争论的历史入手，将对我们更有帮助。在 19 世纪至 20 世纪早期，关于自由贸易的批评意见也是集中于相对落后的国家，而不是相对发达的经济体。例如，"美国体制"的缔造者和理论家就是这种情况，从亚历山大·汉密尔顿（Alexander Hamilton）到罗斯福新政几乎颠扑不破的传统，以及弗里德里希·李斯特（Friedrich List）及其德国经济国家主义学派。

当今，将自由贸易导致的麻烦与富国而非穷国相联系，是由于一个理论偏差和一个政治事实的具体的共同作用。理论偏差在于，自从李嘉图首次提出比较优势学说以来，世界贸易的具体图景对贸易理论的发展以及实用政策的争论造成了混乱的影响：在这幅图景中，资本富余的国家与劳动力富余的国家进行贸易。在关于比较优势的章节末尾的附注中，我指出这幅图景最没有客观描绘国际贸易的现实。政治的偏差在于，富国及其期刊和高校，将主要方向置于争论而非政策上。

相对优势推论预测，相对发达和相对落后的经济体都将遭遇麻烦。但是，注意力应该首先置于后者而非前者，因为两者间存在关键的差异。

因为与相对落后的经济体进行自由贸易，相对发达的经济体的工人和厂商遭受的损失，在原则上是可以得到补偿的。可以肯定的是，如果我们仅仅考虑静态的比较优势分析，整个相对发达的经济体及其具体的厂商和工人将会遭受损失。由于规模和技术的积累，相对发达的经济体在某些生产领域获得了稳固的地位，而这种情形下的自由贸易将对整个社会造成损失。根据策略性贸易理论所引入的思路，规模报酬递增造成了这种敏感性。

如果自由贸易造成的这种损失就是故事的全部，那么，用自由贸易补偿受损者的理论可能性所具有的意义就极为有限了。这种补偿不太可能实现：一块缩小的蛋糕无法切出新的一块。此外，即使不从实用的角度出发，补偿的可能性也无法实现：当面临自由贸易带来的损失时，相比于相对落后的经济体，相对发达的经济体并没有任何与众不同的优势。但是，故事并非到此为止。

我们一旦将视野从静态效率拓展到发展的机会，就会发现贸易损失引起的相对发达经济体的反应，可以将短期损失转化为长期收益。固化地位的动摇，可能促使政府、社会以及私人在人们尚无法重复的活动中发挥更大的作用，在更多的层面上为更多的经济主体开放生产机会和生产资源，并在学校、厂商以及政治组织中促使个人将更少的时间投入义务性和重复性的工作。什么都无法确保用创造性的方式应对损失。但是，创造性应对损失的能力，在一定程度上，首先促使经济体成为相对发达的经济体。

在上述应对方式下，对自由贸易引致的损失进行补偿的能力，不会成为无意义的推测。向前追溯，社会将更加富裕，蛋糕也被做大了，因此，可以更好地补偿损失。向后展望，补偿性措施发展的重要意义在于，它防止了分配冲突对创新的阻碍及其对商业的打击——这种冲突发生在相对发达国家的自由贸易受益者与受损者之间。

在相对落后的经济体中，自由贸易造成的损失将呈现为另一种形式，通过补偿、创新以及重构来应对损失时，能够动用的资源和机会更少。因此，更自由的贸易将造成损失。例如，在与相对发达经济体中生产率更高的农民竞争时，相对落后经济体的农民可能会落败。从原则上讲，正如相对发达的经济体，这种损失可以被弥补，尽管相对落后经济体用以补偿的资源更少。

但是，从根本上讲，最重要的损失类型是无从弥补的，而该类损失在相对优势推论中尤为重要。这种损失来自对变革的禁令：禁止新兴经济体的厂商和工人进入相对发达经济体享有稳固地位的生产领域。这些受损者甚至得不到原则上的补偿，仅仅因为他们根本不存在于这个生产领域。他们是潜在的而非在位的经济主体。

补偿能力的这种差异，以浅显的方式表述了一个更深层的差异。经济发展的一个典型特征是转换的便利性——从一个生产领域转向另一个，从一类产品转向另一类，从一套机器转向另一套。这种可塑性存在多重根源。这些根源中，有三个是比较突出的。

第一个根源是人力资本的发展：通过教育掌握核心通用概念及实践能力。由于掌握了这种能力，他们得以在可重复和尚无法重复的二元生产中发挥作用——其中，可重复的生产可以交付机器和程式，而尚无法重复的生产则是前沿问题。

合理的教育形式将有力地促成人力资本的发展。这种教育的导向是解决问题，而非灌输信息；相应地，这种教育更注重选择性深入学习，而非百科全书式地全面铺开；这种教育的发展，依靠不同方法及观点间的对立，而非对单一信仰体系及学术方法的崇拜。这种教育有助于每一个工人和公民进行超脱情境的思考和行动（他们原本就是超脱情境的存在），而不是像僵尸一样遵照别人的脚本行动。从某种程度上讲，一个经济体之所以比另一个经济体发达，就是因为其中更多的人拥有上述能力。

第二个根源是一系列有利于创新活动的合作。正如我已经指出的，经济和技术进步，既需要创新，也需要合作。无论是技术创新还是组织创新，都有赖于合作：只有通过合作，人们才能够引入并应用一项新技术或新方法来共同工作。但是，任何一种创新，都可能打破既定的权利和稳定的预期，而每一种合作体系都内嵌于这些权利和预期之中。原因在于，对于参与合作体系的群体而言，创新看起来更加有用或更具有威胁性。例如，一项机械创新可能将威胁到某个行业内的某一个工人群体的就业，但同时增加了另一个群体的机会。

在人类社会的物质进步中，包括经济增长和技术创新，缓解合作与创新间对立的做法都发挥了主要的作用,尽管并不能彻底消除这种对立。社会和文化的一些特质促成了这一系列的做法:避免严格而固化的阶层和等级系列,从而使人们能够共同工作和使用机器;在全社会范围内普及基础教育和经济禀赋,从而使人们的独立性不仅来自某种社会地位,还可以来自生产体系内的某种工作,以及在文化中加强试验性的动机。当一个社会比另一个拥有更多有利于创新的合作时,这个社会确实将比另一个更加发达。这一优势的一个显著而重要的结果是,在面临自由贸易带来的机会和威胁时,这种社会拥有更强的能力对生产进行调整和重组。

在风平浪静中,从来就无法获得和维持这一优势。在任何时点上,即使在最富裕的国家和教育水平最高的经济体中,创新成本和收益的分配冲突都可能颠覆这一优势。我们能够缓解创新与合作之间的对立,但我们无法消除这种对立。

可塑性的第三个根源涉及相对发达国家生产活动间的关系及其后果。在相对发达的经济体中,厂商集群和生产网络的密度更高。不同生产领域间的差异将不再那么严格,同时,将有更多的机会将一个领域内用于生产产品和服务的技能、技术以及方法应用到另一个生产领域内。

这种能力并非仅仅源于相对发达经济体的生产活动总量,它们也与生产活动的质量相关。在一个经济体的发展历程中,概念性的操作发挥越来越重要的作用,尤其是将重复元素和无法重复元素相结合的概念性操作。同样,与亚当·斯密的图钉工厂迥然不同的劳动分工方式,也发挥了越来越重要的作用。这种分工方式缓和了生产任务的规划与执行间的对立,也缓和了生产过程中不同专业化工种之间的对立。一系列生产能力将易于从其当前的用途转向其他用途。

在更为发达的经济体中,考虑到生产体系的定量密度及其定性的抽象性或普遍性,在密度和普遍性都更低的条件下,从一个生产领域转向另一个生产领域可能更简单：利用已经习得和掌握的差异、能力、方法和技术，从一种商品或服务的生产转向某些可行的下一阶段或替代及分销领域。

在更为发达的经济体中，生产的这些特征的一个可预见的效应是，其中的创业企业家和企业可以将资源、人员以及技能从一个生产领域转入另一个，从而有更强的能力应对更加自由的贸易带来的竞争压力。由于相似的扩张或结合，可以预见，更发达的经济体在应对此种压力时会将其已有的生产网络和厂商集群进一步紧密化。这种应对之所以能够使一个经济体更加发达，部分原因是，这使得该经济体在面对竞争时拥有了更高层次上替代的便利性。

就第三种可塑性资源以及其他两种资源而言，相对落后的国家将面临更大的掣肘。这些国家的厂商、企业家以及工人相对缺乏竞争力，因为无法调集一切足以形成重大发展的力量：更多的人拥有通用能力，更多的群体积极参与有利于创新的合作，更多的厂商和政府部门能够通过对已有的生产方式和生产领域进行类比型拓展和重塑来应对贸易竞争。

为了应对上述不利状况而维持工资下行压力，其中的好处并不明确。在当代经济的许多部门中，工资支出只是有限且比重在降低的一部分成本。况且，工资的上行压力缺失后，劳动生产率的提高动力将被消弭，而永久性的组织和技术创新也会受到打压。

就自由贸易带来的困境而言，相对发达和相对落后的经济体之间（两者之间存在可追赶的显著差距）并不存在真正稳健的对称关系；因此，在相对优势的推论中，我们强调，成为潜在的失败者将是相对落后的经济体，而不是相对发达的经济体。

在相对优势的情况下，贸易负担更多地落在相对发达的经济体而非相对落后的经济体上。针对这一论断，首先有一个主要的例外，即本书出版时的中国与世界上其他经济体尤其是富国的关系。在许多生产领域，中国与更发达的经济体之间存在可追赶的显著差距。有时，中国超越了这些国家。看起来，伴随着中国经济开放的一系列措施，该国在越来越多曾明显被其贸易伙伴占据的生产部门赢得了更多的市场份额。显然，在相对优势下，更自由的贸易为当今世界这个最重要的发展中国家带来了一次又一次成功。

针对自由贸易体系内相对发达与相对落后国家的关系，中国提供了一个最显而易见的当代实例。基于此，关于自由贸易的实用性讨论似乎已经翻转了。在19世纪和20世纪早期，抵制自由贸易是新兴经济体的典型做法，例如美国。热情拥抱自由贸易，则一度是先进工业及商业国的标志，如英国；或是那些在国际分工中未占据有利地位的贫穷经济体的选择，如拉丁美洲的许多国家。现在，一些领先的经济体惧怕自由贸易，而其恐惧的最主要焦点就在于其与中国的贸易关系。根据本书起初引入的概念，让我们来思考这一逆转的含义及其对于相对优势推论的重要意义。

在这一时期内，中国在世界经济中的地位代表了各种条件的一种特殊结合形式。这种结合（正如我在前文所讨论的，在持续抑制工资上涨的同时，更广泛地吸纳世界范围内的生产技术）扩大了由相对优势推论造成的显著差异。在这种结合的条件下，尽管一个经济体可能维持贫穷，但其中的很多生产部门将与其他经济体保持可追赶的显著差距。

正如中国的情况一样，一旦把握住了关键，以同样方式结合的一系列条件，在一定时期内，将改写相对优势推论指出的风险和负担。在此条件下，一个新兴经济体将对其更为富裕的贸易伙伴造成有限的困扰。贸易最初威胁了缺乏技能的劳动力，而最终可能会威胁到有技能的劳动力。当新兴经济体进入更为先进的生产领域时，白领或蓝领技术工人将受到威胁。

来自国外的威胁，既强化了该经济体内部的力量，同时也强化

第四章 命 题 Ⅱ

了富裕国家的内部的政治力量。这些力量弱化了劳动力相对于资本的地位。这些力量可能是第一种情形下的技术进步，但更多的时候是最后一种情形下的政治斗争。技术无法决定其分配结果；起决定作用的是技术应用的制度环境。在西方的许多发达社会，这种制度环境已经变得越发对劳动力不利。左翼势力无法重整其纲领性规划，也无法重建其社会基础。在既无法重整也无法重建的情况下，传统的社会大生产行业内，工人的既定权利通常变得难以实现且有失公允。由于这些权利引致了其他方面的成本，因此，工人和消费者的利益被进一步缩减。

在更为富裕的国家，这种变化的受害者可能无法享受一些政策福利，包括社会保险、经济重建及维持、经济及教育机会扩展等。只有通过掌握和运用国家公权力的斗争，从而引发制度变革，才能实现上述政策福利。这是一个真正的问题，并非诳语。但是，这与相对优势推论的核心威胁有本质上的差别，且范围也更为有限：后者限制了国家发展和经济增长，尤其是通过生产率的永久性变革而实现的增长和发展。

面对国际劳动分工变革，只有当更为发达的经济体做出的应对严重失败时，即发展出新的比较或绝对优势来替代其已失去的优势，那么，该经济体才会陷入更为实质性的困境。只有此时，这种困境才与相对优势推论所关注的困境相似。当前，中国与一系列中等收入国家的对比中，这种更为艰难的困境愈加明显。无论在全要素生产率还是劳动生产率上，这些国家均无法达到中国的水平，但仍然保持了远高于中国厂商的工资水平。

对货币性及非货币性劳动回报的抑制，伴随着某些部门生产率的持续上升，带来了较低的单位劳动力成本。

中国挑战了当时全球经济主流的国家发展战略，也参与塑造了此次增长。该战略在两个方面违背了这一主流。

第一方面，在于坚持了对自身的保护。中国的发展，更多依赖于其自有的人力资源、金融资源以及自然资源的流动，而非外国资本。该国拒绝外国对其经济的深入渗透。因此也避免了像同时期拉丁美洲那样，因所普遍实行的政策，而受主导性大国利益和指示的摆布。

第二方面，在组织市场导向的经济活动及在将政府举措与私人企业相联系时，中国的制度创新所体现出的多产性。

基于上述事实的国家架构，并未阻止中国经济的某些部门参考、改进以及应用那些发轫于富裕国家的生产技术。

针对相对优势理论，第四条反对意见在于，该理论聚焦于国民经济整体，而非关注具体的厂商主体，因此，该理论犯了被国际贸易理论诟病的普遍性错误，即认为国家可以参与竞争。根据这条反对意见，只有厂商或特定的经济主体才能参与贸易理论所阐述的那种竞争。为了驳斥上述反对意见，我们需要将相对优势理论的表述与本书前文关于比较优势的讨论联系起来。只要人类社会的政治分割继续存在，那么，国家（或者区域联盟或帝国等人类社会的其他自我组织形式）将继续成为比较优势形成的主体，也将是经济多样性深化的主体：包括产品与生产方式的多样性、制度安排形式与实践的多样性以及信仰体系的多样性。多样性的缺失，使得竞争效率机制缺乏得以运行的有趣的事物基础，这将损害全世界及其中每个民族的利益。

在狭隘的主流经济学分析传统中，只有厂商能够参与竞争；而国家间竞争的理论，被作为基于误解的误用，无人问津。即使古老的早期产业保护主义论点，也将个别厂商或部门单独考虑，而不考虑整个国民经济。但是，在关于现代经济体和政体的更为广义的历史研究中，资本主义被当作民族主义的兄弟；贸易，被当作帝国的表亲；而国境内外的财富创造，则被当作政治上的守护。当两国的发展水平和生产率差异较大时，相对优势的理论强调禁止两国间的自由贸易，那么，这种论点更适用于上述两种视角中的哪一方？

比较优势得以形成或重塑的力量，超越了厂商的范畴。尽管这些力量通过厂商发挥作用，但它们并非发端于某些具体的厂商。正如我针对前几条反对意见所作的讨论，这些力量中的三种使得生产线或生产方式间得以替代：个体在通用概念及使用技能上的发展，创新友好型合作方式的扩散，以及为应对竞争而通过替代或重新定位将技能、实践和技术从一条生产线迁移到另一条的措施。

举例而言，不妨考虑这些力量中的第三种。在三种之中，这一种最不明显地存在于厂商层面之上；相当明显的是，厂商自身既无法保障通用技能的教育，也无法保障我在前文中所描述的那种有益于创新友好型合作发展和传播的条件。当厂商网络及生产线越稀疏（即数量上稀缺），当厂商将技能、技术以及生产实践从其现有用途中剥离出来进行使用的能力越低（即质量上的嵌入），那么，就越需要某种集体行动或政府措施来弥补上述缺陷。社会和国家将不得不补全缺失的联结：最大程度利用现有技能和资源且适用于下一个生产任务的技术，填补工艺传统缺位的技术教育形式，推进规模经济并降低其成本的资源组合安排。这些缺失联结的供给被我们称为准公共物品，增强了厂商通过类比和替代来应对竞争机遇的能力。

上述缺失联结的供给，有赖于厂商及社区间的某种形式的合作性竞争。或者，也可以通过政府与厂商及社区的合作来形成一种独特的产业政策：这种政策并不通过损害经济中的一些部门来支持另一些部门，这种政策试图在相对落后的情形（导致了我所说的稀缺和嵌入）中进行弥补，正是这些情形阻碍了比较优势的力量从一项生产线或一项生产技术向下一项转移。

如果将竞争力定义为一个厂商比另一个更高效地生产优质产品和服务，那么，上述举措并不能使一国经济比另一国更具有竞争力。

但是，这些举措体现了竞争活力在第二种秩序上的水平。这些举措增强了一个经济体在维护既有比较优势和构建新的比较优势上的活力。而且，任何针对厂商行为的分析范式都无法完全概括这些举措的效应。相对优势理论研究的正是这些在第二种秩序内的关键效应。

我们有必要概括一下关于第二种秩序内竞争效应的理论。如果我们单纯地着眼于具体的厂商和生产者，如果我们仅仅将国界作为一种偶然性的障碍，仅仅将其目的作为应对那些处心积虑挑战国界的行为，那么，我们将无法理解世界贸易的现实及其可能性。一旦论证了国际贸易与市场导向的国际交换存在区别，对于不同国家社会间的差异，我们就不能将其独立于我们对国际贸易的风险及收益的理解，我们不应这样认为也不应这样表述。

与之相反，这个世界上政治架构不尽相同的社会仍是差异最重要的所在：制度安排与认知形式上的差异，导致了生产什么与如何生产等方面的差异。这些差异不仅仅是国际劳动分工组织问题的一部分，有助于减轻人类的贫穷、衰弱和苦役的重担；也是对于国际劳动分工组织问题的一部分解决方案。选择性的国际贸易机制建立在给定的或构建的比较优势之上，如果无法产生更多的差异，那么，这一机制得以运行的物质条件将减少，其潜在收益也将缩小。

只有补充了差异如何产生的论点，关于生产中的比较效率的理论才能像当前的达尔文主义进化论一样，在形式上一分为二：自然选择不被一般变异所左右。如果没有世界政治分割造成的差异，那么，所有差异将产生于经济组织的内部，例如，通过使不同的合同与产权体系得以共存，从而借助制度安排的调整实现激进的多极化以及推进经济制度的改革。

通过聚焦于第二种秩序内竞争效应及其抑制作用，相对优势的理论看起来超越了静态比较优势的狭隘范畴，从而进入了真实社会经济的世界。在这里，人们因为比较优势而获得力量或遭受限制。

厂商不是这样的世界,它们只是其中的参与者,表达其独特的能力和弱点。

然而,一个具体的厂商能在多大程度上体现该国经济的特质,能在多大程度上体现其所处社会及文化的特质,则是不一而足的。我们必须理解和应用这种个体差异,从而形成当前市场经济及全球贸易组织形式的替代物。

一方面,世界经济正被重组为先进生产部门的网络,其标志体现为创新友好型合作实践的主导地位,也体现为知识与技术的积累。这些先进部门通常只与该国经济中的其他部门存在微弱的联系,这些部门在世界范围内的联合已经成为了国际经济的统领性力量。因此,我们面临着一个重大问题。对于一国经济中先进与落后部门的分化,我们是否应该继续强调其造成的不平等性与排他性?对此,又是否应该强调两项传统措施——国家对小规模产业及厂商发展的支持以及政府通过税收和转移支付进行的补偿性再分配?抑或,我们是否应该继续通过政府、社会以及私人部门的举措将在先进部门加速推进的实验主义进一步推进,使其大大突破当前有限的社会经济藩篱,从而克服上述部门间的分化?

另一方面,在实验主义冲击的泛化和激化中,一项成功的标志在于,个人和厂商将进一步独立于其运营的整体环境的限制。创新的所有形式中,最为根本的是超脱于情境的能力。然而,对于上述能力的支持和发展,不同的情境(包括国内与国际的经济制度)存在差异。主流传统贸易理论大多将厂商超脱其国家环境视作理所当然。这是一个程序,而非一个前提。

政治凌驾于经济的论点

贸易壁垒的有效性取决于利益集团对国家掌控的力度,也取决于贸易政策的实验性。在长期内，要使国家不再轻易受制于这些利益集团，最有效的方法是在国内推行更为激进的民主。

在相对优势的情形下，对于自由贸易的限制可能是必要的。然而，尽管这种情形是贸易壁垒得以存在的必要条件，但并非充分条件。贸易壁垒的必要性和危险性也取决于国家的组织架构以及政策制定和实施的形式。贸易壁垒需要在保护中有所甄别，而这种甄别则滋长了私人利益集团的掌控以及从上至下"选取赢家"的官僚作风。在原则（相对优势中进行选择性和策略性的保护）上最佳的做法，在实践中能否也被证明最佳，取决于政治组织形式与政策制定方式能够在多大程度上规避其伴生的厚此薄彼与教条主义之恶。

一个独裁且开明的官僚体制，在摆脱利益集团的同时，可能在短时期内战胜第一种恶（即厚此薄彼——译者注）。但这只能发生在特定的条件下，且只能维持很短的时间。它永远无法战胜第二种恶（即教条主义——译者注）。其解决方案在于深化而非限制官僚体制，也在于使包括贸易政策在内的各种政策的制定和推行在性质和程序上更为多极化，更具有参与性与实验性。政治将不是顺应命运，而是再一次逆天改命。

对于自由贸易的限制，最可能在中间地带大行其道——此时的贸易各方间存在显著差距，正是相对优势的情形。但是，处于相对优势的范畴并非实行贸易限制的充分条件。另有其他因素在发挥决定性作用：政治——国家与权力斗争的形式，以及政策制定和推行的方式。关于自由贸易的论争，不可避免地涉及这样的问题——如何最好地理解经济与政治的关系：既有我们利用切近的工具和观念在国家和经济中创生的关系，也有国家和经济中原本存在的关系。

由于贸易壁垒体现了政府对经济生活的干预力量，这些壁垒有可能变成两种不同的作恶工具：用利益集团控制政府之恶，以及用富有影响力的代价高昂的教条迷惑政府之恶。为了给这些壁垒正名，诉诸相对优势的情形是不够的；我们也有必要证明，在这些壁垒的塑造和推行中，双重恶果的影响不能抵消壁垒的价值。

双重恶果的理念支持了我们最熟悉的一系列论点，其关注的是利用政府力量对权利和收益进行选择性分配的任何一种政策（如贸易壁垒）。对于自由贸易的每一项限制都体现了这种选择性。即使在征收无差别统一税率关税的有限情形下依然如此。相比于对消费者征税，这种关税更倾向于对生产者征收。根据该国贸易伙伴的反应，也可能更倾向于对进口替代行业而非进口依赖行业征税。特权和教条都能够搭乘选择性这条船。

基于上述事实，形成了一种论调——当政府举措试图限制或胜过市场形成的决定时，这种举措总是会遭到反对。这种举措处心积虑要重塑市场，试图使更多人能以更多方式进入市场。即使这样，上述反对论调仍然是中肯的。让我们牢记规则和政策的先例：通过分配土地，通过推广农业信贷和技术，通过支持家庭农场合作型竞争，以及通过对农业生产的经济及自然风险提供补偿，从而使农业经济得以构建在生产率水平较高的家庭农场之上。卡尔·马克思在英国历史中发现了土地集中模式，并将其错误地当作资本主义的必然进程。如果一个国家能够避免这种模式，那么，该国将有可能创造一种新型的土地市场。的确，19世纪的美国曾新创了这样的市场——该市场是迄今世界历史上最高效的。

从统计数据上看，考虑到历史进程的动态性，一些市场胜出的干预可能呈现为市场重构的一个环节。双重恶果的论调，在国家与民主政治中只认可唯一收敛的制度形式，在市场上同样只看见了唯一的制度安排。

由此，产生了影响深远的观点：对贸易的限制措施，尽管在原则上具有吸引力，但在实践中大多缺乏充分的理由。该观点认为，无论选择性经济政策在理论上具有的优势是什么，尤其是贸易壁垒的选择性政策具有的优势，在现实中，这些优势都会被政府干预经济所伴生的双重恶果所损害：无条件支持自由贸易的理论次优解，将成为现实中的最优解。

上述观点的影响，体现为20世纪70年代至80年代策略性贸易理论的发展。20世纪晚期的策略性贸易学者，对自由贸易学说的许多假定提出了质疑。但是，面对自身观点的理论和实践结论，他们望而却步了。他们担心被误认为保护主义的卫道士，因此，援引双重恶果论调的某些版本，谨慎地为自己辩护。这种保护措施使他们在理论上更为胆怯。策略性贸易学者原本可以更好地理解和表达自身的主张，并以此为开端，对经济学领域更广泛的既有理论展开质疑。

他们已经远远超出贸易理论的范畴，如果不直面双重恶果论调的假定及其模棱两可的表述，那么，他们就无法得出结论。他们没能迫使自己直面这些问题。结果，策略性贸易理论以其独有的方式和规模重复了20世纪中期发展理论的下沉路径：对于其自身的关注点及原则信条，未能在理论上挖掘出颠覆性的重要性，因此，将自身融入之前挑战失败的那种思维体系。于是，这种理论几乎不再是理论上的独立创举。

双重恶果论调在理论上的隐蔽内核是，它不相信我们有能力改变国家与经济彼此联系的基本方式；与其他领域一样，在贸易政策中选择性使用政府力量，将无可避免地牺牲分散化的尝试，转而推崇偏见，同时允许特权阶层和有影响力的群体将政府权威用于其私人利益。根据这种观点，市场就是市场，国际就是国家；我们无法重塑政府干预经济的基本制度形式及其实践结果，正如我们无法重建市场经济本身的制度形式一样。

但是，双重恶果的论调所运用的制度教条主义中，存在着关键性的不对称。市场就是市场，但只有在不受非完美性的影响时，市场才能修正自身的缺陷；根据上述思路，作为资源分配以及竞争性利益彼此调节的工具，市场最终成为了一部永动机。国家将仍然是国家，虽然市场体系自以为拥有自身独特的完整的制度逻辑，但当国家介入市场体系的进程及其结果之中时，国家最终将服务于偏见和特权。

我们很快发现，双重恶果的论调并不仅仅针对自由贸易，也不仅仅针对有效施行贸易壁垒的情形；它涉及两个相关的议题，对于理解经济生活有重大意义。第一个议题是市场与国家的制度形式，以及市场与国家彼此联系的方式。第二个议题是政治凌驾于经济之上的首位性：这种首位性所塑造的制度与实践，定义了市场经济，界定了其可能的备选形式，也构建了相应的程序使我们得以在这些形式间进行切换。

经济活动也是社会活动。对于经济增长而言，没有什么比合作与创新间的关系更为重要；立足增长的角度，最优的合作领域也将是对创新最为友好的——在技术、组织、实践以及观念等各个方面。我们如何实现这种理想情况，这首先是一个制度性的问题，也是一个实践性的问题。对于前一段所提两个议题，这一考量本身就足以说明其经济思路核心的重要性。

针对双重恶果论调的假定，我提出了五个假说作为反驳。这些假说提供了自由贸易思路的基础，也涉及许多其他方面的思路，进一步发展了前一章所介绍的观点。

第一个假说认为，一个市场经济可以采用不同的制度形式。我们不能说哪一种合同与产权体系是内含于市场经济理念之中的。在多种可能的合同与产权体系下，分散的经济活动都得以进行，其中，许多不同的主体出于一己之利进行议价且结果自负。

我们寻常的经济和政治思维中所预设的市场经济概念，其内部是复杂的。其内部要素，或彼此对立，或存在不同的形式，例如，经济决策的分散化，以及每个经济主体对其所掌控的资源享有的支配特质。在 19 世纪法学和经济学的理论中，古典的私有产权给予物主近乎绝对的自由裁量权：在其所有权范畴内，物主几乎可以对其财产随意处置，而无须顾及对于旁人的影响。同样地，古典的合同权试图明确区分引起合同义务的双方明确议价（待生效的双边合同）与社会生活中微秒的彼此依赖关系。这种彼此依赖关系所形成的信赖和期望的形式，在法律上不被认可。

这种私法体系保护了物主不受国家和社会的侵害。为了这个唯一的压倒性目标，该体系牺牲了扩大经济主体范畴所带来的任何利益，而这些经济主体在实际上能够施行财产权，也可以用其财产权的本质和范围来交换更多的使用权。在该体系内，无论是财产的扩散，还是集体和个人在经济主体交换安排中进行实验的机会，都屈从于单一的所有权模式。这不是市场经济。这只是对市场经济的一种解读和组织形式，尽管这是在经济学理论中被树立为典范的形式。

我们无法预先规划出市场经济所有可能的制度形式的范畴，也无法对社会生活的任何其他领域作出这样的规划。在彼此对立的利益和观点的压力下，不同的形式脱胎于已有的形式，通常采用类比延伸和重组的形式。在任何一个给定的时刻，既有的或可行的制度安排的全部储备，无论在构想还是实践的层面，都是相当缺乏弹性的。正如市场经济或代议制民主，我们对于抽象制度概念体系的假定及态度，在很大程度上来源于这些概念在我们的个人及集体经历中所采用的具体形式。

第二个假说认为，制度变迁的决定性重要原则，既适用于国家的组织架构，也适用于政府参与市场的方式。将这种参与贴上"政府干预市场"的标签，具有误导性；这个标签暗示，市场具有永恒且统一的性质，对此，国家必须遵循或者反对。政府可以远程规制市场行为。通过税收和转移支付，政府可以对经济活动的结果实行再分配。但是,政府也可以采取行动来改变那些用以界定市场经济的规则和实践。根据早先提出的一个观点,静态看来无非是补贴的措施,使资源分配比当前市场情形更好,但动态看来则可能成为重组市场经济的举措。这种措施最终甚至能提供更多机会,使更多人能够以更多方式进入分散化经济。

第三个假说认为,在对自由贸易实行选择性限制的过程中,通过关税或配额或其他措施,可以改变双重恶果(教条主义与厚此薄彼)的负担。这种双重负担随着政府、政治以及政策推行的组织架构方式而变。双重恶果论调所提及的危险并非异想天开,它们是真实存在的。但是,这些危险既非统一的,也非恒定的。

在包括贸易政策在内的政策制定方面,相比于采用咨询性、参与性、多极性和实验性的制定方式,一个国家如果能够避免自上而下遮遮掩掩的威权主义贸易政策制定方式,那么,该国就不太容易陷入教条主义之恶。如果我们将所谓"政治"定义为关于政府权力运用和掌控的斗争,那么,政治的组织架构就决定性地塑造了经济政策的一切分支范畴,包括贸易政策。

第四个假说认为,在关于自由贸易的争议中,如果一个有力且相对独立的官僚体系的运作环境是有限的民主以及威权主义的政治文化,那么,该官僚体系最可能被认为是逃离双重恶果之第一重(厚此薄彼之恶)捷径,但这条捷径代价高昂且危机重重。如果一个有力的官僚体系相对独立于国内财阀集团的纠葛,也相对不受政治压力与选举动荡的影响,那么,该官僚体系可能在一段时期内成功制定出不仅仅服务于小团体私利的贸易政策。

但是,这种独立是脆弱的。其代价也十分高昂。在一个不平等的社会中,民主十分有限,也缺乏激烈的公共辩论,制定贸易政策的官僚机构将发现,自己与财阀利益集团的关系,类似于世界历史上大多农业官僚帝国中的帝国当局与大地主之间的关系。虽然中央行政机构试图控制这些精英阶层的贪婪,但如果不能调动最大范围的群众利益(在农业官僚帝国是农民和小生产者,在当今是工人和小企业主或新创企业家)联合起来与之抗衡,那么,也无法太过排斥这种贪婪。

当动员的力量可能无法掌控时,官僚有理由踌躇不前。社会越不平等,那么,官僚机构若要保持其相对于最大利益集团的独立性,就必须越与之绝缘;同时,在选择包容或对抗这些利益集团时,官僚机构将面临更为严峻的两难境地。

官僚机构能够从这些利益集团中谋得些许独立性。但是,官僚机构无法独立于其自身权力的永恒性。而且,为了不受制于利益集团的寻租行为,官僚机构的自我保护机制使整个官僚机构更倾向于给定的无知教条,而对来自下级的经验教训充耳不闻。

如果负责制定政策的官僚机构在威权政治中运行,而整个文化又对实验主义的激进做法抱有敌意,那么,上述捷径将变得更加危险。增加的危险在于,沉湎于昨日的成功,或因循今日的范式。而对于设想其他制度形式,以及将其逐一或同时付诸实践,则更为乏力。

结合了贸易壁垒以及更广义的政府选择性市场干预行为,双重恶果的论调得到了事实支持,内容也变得更为丰富。但是,由于该论调将这些事实当作政府与经济关系中必然且普遍的特质,因此,从中得到了错误的结论。该论调假设,在这种关系中,有一两种情形随时随地都能成立。只要国家无法抵御利益集团的控制,哪怕是部分抵御(例如,20世纪后半叶东北亚"四小虎"经济体中相对独立的官僚机构),那么,厚此薄彼与教条主义的双重恶果就不会缓解。如果国家中存在这样的抵御力量,那么,第一种恶果将有所缓解,但必须承受第二种恶果进一步加剧的代价。倘若削弱社会的实验力量,也就是代表着市场经济主要优势的力量,那么,社会将面

第四章 命题 Ⅱ

临更大的风险。

第五个假说认为，针对第四个假说中提到的繁杂险恶的捷径，唯一的替代方式是深化民主制和推进实验主义。让我们来考虑克服双重恶果中的每一个所需的制度条件的特点。

针对特权阶层控制政府的问题，唯一安全的解决方案在于融合两类有区别但又有联系的事件：在组织及影响力、收入、财富、权力方面，减轻固有且极端的不平等性；发展高能民主，通过民主组织形式，提升大众可持续政治参与水平，并降低转型对于危机的依赖程度。社会中的制度，尤其是其政治制度，其组织架构越能够促进社会安排的重塑，那么，积少成多，涓滴成流，重大变革所带来的经济危机或战争形式的创伤将变得更少，尽管这些变革也是零碎推进的。提升政治的热度（通过制度安排鼓励公众有组织且可持续地参与政治生活）与推进政治进程（必要时通过提前大选或计划性公投等制度安排来快速解决政策僵局）都是必要的。同时，这种高能民主需要支撑性的个人经济与教育禀赋，使特定部门和地区更易于试验与全国现行道路背道而驰的模式。定义当前代议制民主的制度安排①十分有限，如果不对此进行创新，我们将无法实现上述效果。

这条道路上没有标记任何现成的制度蓝图。但凡这条道路想要付诸实践，就需要采用循序渐进的方式，通常也的确采用了这种方

---

①在其他著作中，我已经讨论过民主政治组织形式变革的制度内容，使国家不太容易被特权阶层掌控，也使公共政策不至于成为教条的仆从。参阅《错误的必然性：适用于激进民主的反必然性社会理论（False Necessity: Antinecessitarian Social Theory in the Service of Radical Democracy）》（Verso，2001年）第207—221页，第441—476页；《已实现的民主：进步性的可替代选择（Democracy Realized: The Progressive Alternative）》（Verso，1998年）第191—197页，第212—220页，第261—277页；《左翼应该主张什么？（What Should the Left Propose?）》（Verso，2005年）第29—31页，第156—163页。

式。尽管如此，这条道路依然危机重重。就特殊利益集团掌控政府的恶果而言，这些危险中最为直接的是一切在好转之前就先恶化了。在进一步民主化的进程中，一个政府如果失去了其在官僚体制和威权政治上的稳固性，那么，该政府将变得更为软弱而易被渗透。通过提升民主政治的热度并推进其进程，政府将可以更为持久的形式恢复对特权阶层的抵御能力。但在此之前，该政府可能变得更易受到特权阶层的影响。

反过来，为了克服教条主义之恶，就需要扩展政府与厂商的合作方式。关于公共权力与私人企业之间的关系，当今世界上存在两种制度模式：政府的公平商业监管；由中央官僚机构从上而下制定并推行的统一的贸易和产业政策。无论是贸易还是经济政策的其他方面，要解决教条主义的问题，就需要全然不同的措施和观点：在公众监督下的广泛参与，而不是强制推行；多极化的实验，取代统一的教条。这种制定和推行政策的方式，可能只能在深化的高能民主环境中得以蓬勃发展，因此，制度条件间的关系将矫正双重恶果中的每一种。

即使这样的民主也仅能代表有利环境中的一部分，也就是与制度相关的那部分。与认知相关的部分也同样重要，表现为文化和教育，在社会生活的每个层面上化解了普通行为与超常行为之间的藩篱。所谓普通行为是我们在已被接受的行为和信仰体系内采取的行动，而超常行为是我们对这个体系进行挑战和改变的行动。

对于我们有关自由贸易的思路，对于我们重塑市场经济的尝试，以及对于通过政治举措引导经济增长的形式和结果，上述五个假说有什么启示？相对优势的理论指出，就经济发展而言，无论贸易双方水平相当还是地位悬殊，自由贸易的益处总被提及最多，而其危险性则提到得最为有限。这种局限性在中间地带最为突出，此时，尽管贸易双方的发展和生产率水平不同，但相对落后的一方与相对先进的一方之间保持着显著差距。

就对自由贸易进行选择性限制而言，相对优势的情形是必要但非充分条件。在此情形下，这种限制的收益无法超越其成本，除非国家在推行这些政策时控制或平抑了偏见与串谋的危害，既没有内定受益的一方，也没有使政府或政策受制于受损的一方。当一个独立的政府机构能够在一定程度上摆脱财阀的影响时，采用其指定和推行选择性的贸易政策，是我们控制或平抑偏见与串谋危害的最熟悉的方法，但这仅仅远非完美地规避了厚此薄彼之恶，而完全没规避教条主义之恶。另一种控制或平抑偏见与串谋危害的方法几乎无人问津，即深化民主以及拓宽政府与私人企业互动的渠道。

初看起来，上述推论的结果似乎说明，除了一些看上去有限且可疑的方法，没有现成的方法来克服双重恶果，因此，限制自由贸易将无法成功。那么，当策略性贸易理论的拥趸被双重恶果论调吓得放弃自己的主张时，这些深受打击的策略性贸易学者原本做对了。

但是，这样的结论将曲解政治与经济可能性之间的关系，因此，也将错失我们现在所证明的论点在理论和实践中都最为重要的部分。没有哪个国家会采用不同形式政治生活的哲学来改变其政治制度或其制定和推行政策的方法。只有当一个国家相信必须改变这些制度和方法时，只有当其意识到这些已经成为限制其进步甚至生存的束缚时，该国才会对这些制度和方法作出改变。

无论其最终结果多么具有革命性，这种改变几乎都是跌跌撞撞摸索推进，借用了现有概念和制度内容的"旧货"，并不能确定其是否属于真实世界的真实行动。我们一边推进，一边改进。在改进的过程中，对于改变的初衷，我们从不同的视角得到了全新的认识。如果我们相信有必要去做，那么，即使对现行的以及可行的做法不满意，我们也没有理由不去做；这只是给了我们理由去寻找更好的做法。

我们政治生活的重建，来自林林总总关切领域的上百个不同的推动力。其中的一个推动力在于，当一个国家参与世界经济时，我们希望调和其依据自身愿景采取行动的能力与其保留自身特色的能力。

因此，上述讨论并不是说，原则上最优的贸易壁垒绝对不是实践上最优的；只是表明了，只有将自由贸易问题作为重新构想和创设政治和经济生活方式的更为广义的尝试，我们才能正确理解和解决这一问题。至少在相对优势的情形下，不需要等待这种重新构想和创设成功，就可以推行选择性贸易壁垒的做法。之所以不需要等待，因为这种做法本身就是重新构想和创设的一部分。

自我修正的理论

对于一种国际贸易体系的评判，必须关注其为参与者提供的实验性自我转型的机会，也必须关注其对于贸易流的有效开放程度。自由贸易的自由应体现在这两个层面之一，抑或两者皆有。

通过贸易实践及贸易各方的制度安排，不同的贸易体系为创新提供的机会有所差异，而各国从贸易中的获利也随之不同。仅仅基于国际劳动分工中给定或构建的比较优势，无法充分解释各国从贸易中的获利。在生产和商业实践以及政治和经济制度的组织形式上，贸易各国对于创新的有效自由度不同，也会导致其从贸易中的获利不同。对于这种实验性创新，世界范围内的自由贸易体系可能强化，也可能削弱。在我们关于自由贸易的思维中，由于嵌入了这第二层面的考量，所以需要对我们的理论假设进行部分改动。这说明，世界贸易体系的发展方向将偏离近代历史中的主导方向。

在三个论点中，这第三个推论的范围最广、内涵最丰富。其范围并不局限于自由贸易——独立国家间开放的商品和服务交易，也适用于我们理解中最广义的市场活动——在劳动分工背景下运行（正如市场活动通常的要求）。从这一推论的核心出发，这一推论适用于全世界的范畴，也适用于人类社会的小群体。这一推论适用于自由贸易；但凡在这一推论的范畴内，自由贸易也无非是市场导向劳动分工的一个特例。

这一推论涉及我们在一个贸易框架内的行动与该框架的演化之间的关系。在思考自由贸易的利弊时，如果单纯局限于贸易壁垒的程度和形式，那将误入歧途。我们还需要考虑，贸易体系的规则在多大程度上鼓励或限制贸易各方的自我转型。如果为了贸易自由需要对上述自我转型严加限制，那么，代价太过沉重。如果规避了这种限制而鼓励自我修正，那么，自由贸易的益处将被放大。

有关自我修正的论点，一个关键的前提是，正如存在不同的方式将市场经济的抽象概念落实到具体的实践和制度中，在第二种秩序内，同样存在不同的方式将市场经济体之间的自由贸易体系落实到具体的实践和制度中。这种体系的一大优势，允许甚至鼓励体系中的参与国家实验性地偏离业已建立的生产经济形式。

因此，这种自我修正观点的直观内核在于，一个贸易体系的两种假设性发展方向的对立。在第一种方向下，该体系越发展，参与者在制度和实践上分化的空间就越小，至少在那些界定市场经济组织形式的体系内是这样。对于参与各方的组织形式，贸易体系内的规则将提出越来越严苛的要求。例如，即使公私合作只对贸易产生间接影响，对于政府与私人厂商合作中的私有产权及义务的内容和范畴，仍做出了预设。因此，贸易体系的发展将伴随着贸易各方在制度上的趋同：自由贸易的理想范式实现得越充分，制度的趋同程度就越高。这样的贸易体系将成为一副枷锁，一副黄金枷锁。尽管其拥趸认为这是必要，甚至是恰到好处的，但它仍然是一副枷锁。

在第二种方向下，自由贸易的发展并不需要贸易体系的规则强推统一的制度。在趋同与分化的时期间，可能存在摇摆，但这些都受制于自由贸易的规则和要求。自由贸易体系的重点，不是在不同商品和服务的专业化生产实体间组织贸易，也不是经济组织形式越一致就越能更好地生产这些不同的商品和服务。自由贸易体系的重点在于，以更高层次的开放度，在差异——经济和社会组织方式的差异，以及由此产生的各种差异——中开展对外贸易。

采用这第二种方向，就不应将自由贸易最大化作为贸易体系的主导原则。相反，如果认识到自由贸易在某些特定情况下的现实优势，那么，就应乐见开放贸易与分化制度的共融。此时，在我们的观念中，这种共融将取代自由贸易最大化而成为贸易体系的首要目标。至此，戴着第一种方向拥趸所推崇的那种枷锁，既无必要，也无益处。

自我修正的观点认为，相对于第一种方向，第二种方向具有决定性的优势。这一说法看似无可非议。事实上，这一说法驳斥了自由贸易与保护主义的争论中仍然沿袭的假设。这一说法的实践意义，与自由贸易体系的现实发展背道而驰。

基于两个理由，可以认为第二种方向在对自由贸易的理解和发展上优于第一种。一个理由是关于推进自由贸易的具体策略性条件；另一个理由超越了自由贸易的所有论争，触及了我们关于经济增长本质及条件的假设。

具体的策略性理由在于，戴上制度趋同的枷锁，就不可避免地要排斥一些利益和价值观。而一旦接受了鼓吹枷锁的理论，就使自由贸易的事业与这些利益和价值观产生龃龉。在这种体制下，自由贸易得以强有力地限制制度安排的发展，而文化和观点的差异则必须体现在这种发展之中。如果没有了这种制度体现，文化和观点的差异将有退化为民俗的危险，像文化特质一样，悬浮于世界范围内的趋同制度之上。

更有甚者,在各自坚守的全球自由贸易计划中,每个国家都会发现一个障碍,阻碍其通过提升政策、实践以及制度的实验能力来达到目标,而这个目标在当下和在将来有限的时期内都是全世界最为推崇的:构建一种经济增长和技术以及组织创新的形式,使社会对于国民经济中先进与落后部门之间极端且僵化的分化既包容又颠覆。

另一个理由,更为基本和广义地阐述了第二种方向相对于第一种方向的优越性,涉及增长与创新的特质,也涉及二者与自由贸易的关系。关于第一种方向的论点,有一条假设是,市场经济存在唯一天生必然的内容,这体现在其关于产权、合同以及公司企业的法律制度中,也体现在其他法条上,这保障了市场基础上的资源分配通常不会被政府或社会推翻。这一假设市场经济所要求自由的缺陷——这种自由被当作理所当然的——将市场活动制度框架内的生产要素结合起来。根据这样的描述,这种框架不会遇到挑战,也不会进行改变,只要没有发生"市场失灵"——任何损害竞争并扭曲价格信号作用的权力或信息不平等——的情况。

这种关于市场核心自由的观点,凭借其权威性,依托了对市场制度崇拜的偏见:这是一种错误的观点,认为市场存在天生的形式,或至少在长期演化筛选中形成了一个更为优越的形式。一旦抛弃了这个假设,我们就能大大推进有关经济自由的观点。我们需要的不应是那种在制度框架内联合生产要素的简单自由,而对于这个制度框架,我们还无法挑战,也无力改变;对于界定了现有框架的制度理念和安排,我们需要自由来进行革新。所有不能做到这一点的自由,不过是在用机会向迷信献祭。

当我们考虑到经济增长的社会条件时,这种机会的重要性就显而易见了。以下讨论了这种社会条件的基本原理。

在短期内,经济增长有赖于各种商品和服务的生产成本间的关系。这些关系以交换为度量单位，反映在真实利率上，可以作为通过生产和交换获利的各种机会之间的关系。在上述短期内，经济增长主要依据劳动生产率发生变化。

在长期内，经济增长需要我们将关于世界的因果知识应用于生产任务中。在此长期中，最重要的是，对于任何我们已经掌握了的如何重复进行的工作，我们成功造出了能够根据程式为我们完成这些工作的机器，从而可以将更多的精力和注意力转向尚无法重复的工作。

但是，在延长的中期，经济增长首先需要合作——这看上去是一个经济进程，但实际上是一个社会进程。创新与合作一样不可或缺。无论是技术、实践、组织还是观点上的创新，其先决条件都是合作。没有创新，合作也无法持久。但是，创新与合作之间又存在摩擦：对于每一伙参与者（即劳动力中的每一个阶层）而言，其对于另一伙参与者的索取和期望，都可能被任何一次创新瓦解。现有的合作体系，正是内嵌于这个权利与期望的壳里。任何对这个壳的威胁，都会危及整个合作体系。

当我们成功构建合作的实践和框架时，在厂商或经济体乃至整个社会中，强有力地推动加快经济增长的步伐，扩大经济增长的范畴，将缓解合作与创新这两大要务之间的对立。这种做法的目标应在于，发展创新友好型的合作方式，对创新越友好，就越好。

关于上述发展，我们从来没有一条不证自明的路线。对于合作框架与生产交换制度，只有进行艰苦的竞争性实验，才能推动上述发展。这需要在市场经济的制度形式上反复持续的摸索。

任何对于自由贸易的理解和发展方式，如果对上述实验加以禁止或限制，那么，我们的实际利益将付出不可接受的代价，包括我们在增长和创新方面的利益。这将在我们的实际利益上撕开一道既痛苦又不必要的伤口。在给定或构建的比较优势基础上，真正真实但有条件的收益,将与我们在增长和创新方面更宏大的利益相矛盾。

要把握自我修正理论的重要性,最好的方法是探索其在世界贸易体系改革中的意义。事实上,对于当前体系所秉承的四项组织原则,这个理论至少与其中前两项不相容,甚至有可能与四者都不相容。这四项原则包括:将自由贸易最大化作为贸易体系的指导性目标;要求采用特定的市场经济形式,也就是当今北大西洋国家建立的那种形式,并将其误认为这种经济秩序是天生且必要的形式;认为商品和服务(在广义的观点中也包括资本)在开放的世界经济中能够自由跨境流动,但人员不能;同时,无论经济胁迫多么严重,哪怕劳资之间的合同已经成为一纸空文,仍然坚信有偿劳动力是这种经济中主导性的自由工作形式。

要认识自我修正理论的意义,就要理解为什么自由贸易最大化不能作为全球贸易体系的指导性原则。即使从建立开放的世界经济的角度出发,也是这样。将自由贸易提升为其自身的目的,对其一味追求而无视贸易各方可能拥有的实验性的自我修正能力,这不利于自由贸易,而是在损害自由贸易。当世界贸易体系的规则旨在调和开放与多元性,而不是以开放之名压制多元性,自由贸易才能够发展。

简要而言,这一原则可能看似无懈可击,但是,要想象这一原则在当今世界的情形下如何实现,就需要清楚它在现实中存在什么争议。让我们来试想一个极端的情况,假设当前的自我修正能力都遭到了毁灭:一个功能等价物是19世纪的金本位制度,20世纪最后几十年,这一制度广泛应用于拉丁美洲的许多国家。金本位制度的初衷在于调控当时最富裕的国家间的商业和货币关系,在其全盛时期,则旨在将经济活跃程度与商业信心挂钩。对于这一货币体系的规划者而言,动用政府手段并非代价,而是目的所在。

当今也存在金本位制度的功能等价物。但是,其主要应用领域在发展中国家而非那些最富裕的经济体。一系列特定的政策组合界定了这一等价物的内容：接受低水平的国内储蓄率；于是依靠国外储蓄来支持本国发展；开放资本账户以便资金流入和流出本国经济；相对于工人和生产者，赋予国内外食利阶层以优先权；提及财政责任时，坚持强调缩减公共支出，而非增税。之所以说这种组合代表了金本位制度的功能等价物，是因为其将国内政府对金融信心的依赖作为解决之道，而非问题所在，将其作为应对一个经济体管理者中的民粹主义和民族主义冒进行为的必然解药，这与金本位制度一样。

对于一个发展中国家而言，仅仅拒绝金本位制度的功能等价物是不够的；有必要采取措施，从而确保有能力追求不一样的发展策略。尤其是，我们需要确保政策不受制于金融信心的条件——金融信心已然成为对现存资本市场的崇拜，这样才能保障实体经济的利益。在国家层面上，要想成功保障多元性，一般需要充分调动国内的实物、金融及人力等资源，在和平时期达到战时经济的极限。

让我们来考虑这种保障措施中最为恒定的要素。对于多元性的保障，需要使国内的被动储蓄率达到较高水平。通过在现有资本市场内外储蓄与生产的关系，以及通过用新方法动员为生产进行储蓄，可以达到较高的国内储蓄率。例如，可以建立渠道，使部分强制性养老储蓄流入由政府建立的风险投资基金。这些基金虽然由政府建立，但独立、专业，且其管理层有竞争力。这种保障预设，只要反对控制政府债务，那么，真实利率水平的变化，就会导致食利阶层蚕食生产者的利益，从而导致生产者默默死去。这种保障措施要求保持高准备金率（同时降低维持高准备金率的成本），这要通过出口导向的增长形式来实现。这种增长形式极其类似进口替代以及国内市场深化措施，而非替代这些措施的另一种选择。这种保障措施提出，通过对资本流动进行强有力的临时性调控来确保准备金，同时，不影响可充分兑换货币这一终极目标。这种保障措施需要奉行财政现实主义的政策，也需要财政作出牺牲。哪怕牺牲财政政策的反周期操作能力，也不能一味顺应金融市场，相反，应使政府进一步摆脱金融市场的掌控。这种保障措施主张，为了维持高额税收收入，在最不损害现有的工作、储蓄以及投资激励下，可以征收能够带来最大税收收入的任何税种，尤其是中立于一切税种的广泛固定税率增值税。即使在税收设计上存在不公正，也必须维持高税收；在推进的过程中，提高预算收入方面的再分配效应遭到了损失，但在预算支出方面得到了双倍的补偿。首先，这种通过税收和转移支付实现的补偿性再分配，效果相对较弱，必须借助更为基础和广泛的经济和教育的机会进一步放大和可持续化。

在对于多元性的保障措施中，这些不同的要素产生了联合累积的效应，使政府不必屈从于国内外的金融市场。这种联合累积效应拓宽了政府的操作空间，而这种操作空间已经被古典金本位制度及其后世的功能等价物大大缩减了。这种联合累积效应在和平年代达到了战时资源动员的效果。

对于多元性的保障措施中，前两个要素有待品评。众所周知，与其说"储蓄转型"（即国内储蓄显著上升）是经济增长的原因，不如说是经济增长的结果。但是，这一理论上的推论并未考虑较高的被动储蓄和累积准备金水平（仅在货币借贷能力不完善的国家），而这在多元化发展策略的早期是独立性的保障。

但是，如果没有相关制度安排确保储蓄进入生产而非浪费在金融的"赌场"上，那么，强行提高国内储蓄率将是无用甚至有害的。20世纪中期的经济学思潮中，凯恩斯主义的学术创新产生了自相矛盾的遗留问题：在储蓄与生产或生产性投资的关系上，否定了我们对此的观点甚至表述方式。由于核算科目中，总储蓄必须等于总投资，我们甚至无法提出储蓄与生产或生产性投资的关系问题。

现有的资本市场综述被当作市场理性的典范,除非存在显而易见且集中爆发的"市场失灵"。在这种经济分析范式的影响下,我们没有理由将储蓄与生产之间的关系当作一个问题。这里,我们有一个例子来说明制度崇拜的力量——市场经济的抽象概念与一种历史的具体的偶然的市场安排之间的密切关系。不仅在自由贸易的论争中,即使在远超出该论争范畴的领域,这种崇拜仍然对我们的经济学理念产生深远而难以察觉的影响。

但是,真实情况是,生产、交换以及金融制度的设计,不是为了强化储蓄与生产间的联系,就是为了弱化这种联系。社会储蓄在多大程度上得以进入生产或生产性投资,这不仅仅是一个文字游戏。这无法从抽象概念中推导出来,也不能通过纯理论分析发现。这是一个实证的事实,取决于我们能否通过制度安排建立储蓄流入生产的渠道。

就当今的发达经济体而言,其经济制度中的上述渠道存在显著差异。但是,迄今为止,所有这些发达经济体中,生产的主要资金来源是厂商的未分配利润。在所有这些经济体中,银行的庞大储蓄池与股票市场上的投资组合,与理论上资本市场的核心功能只存在偶发且隐晦的联系:为社会的生产活动提供资金。如果确实要建立针对经济多元性的保护措施,那么,通过制度创新来强化储蓄与生产的联系,不仅是可能的,也是必要的。

金本位制度的功能等价物仅仅是一个极端的例子,针对国家发展和开放世界经济的构建,表达了鲜明的态度。这种态度宣扬服从而非反抗,提倡制度趋同而非制度多元,鼓吹接纳给定的比较优势而非建立新的比较优势。根据自我修正的理论,应该用另一种观点取代上述态度。针对世界贸易治理的每一条规定,这种观点都质问其对世界经济的开放有何贡献,质问其如何强化了贸易各方的自我修正能力。这种观点的目标在于,在本国自我修正能力最大化的基础上，追求对外开放的最大化。

以开放世界经济之名推行的内部组织约束中，唯一可靠的约束关乎强有力的独立个人或组织进行反抗和提出异议的能力。如果没有这种能力，一个社会将无法对其未来进行新的认识并付诸行动：禁止使用奴隶和童工，组织政党、行业工会以及其他组织的权利；反抗既有权威以及宣传颠覆性观点的权利。值得格外支持的自我修正形式，使各国得以重新构建其比较优势，将劳动力从可由机器代劳的重复性工作中转移到我们尚无法重复的工作中。

出于类似的理由，自我修正理论也与现有的全球自由贸易组织原则的第二条相矛盾，这一原则将市场经济的特殊形式落实到了世界贸易体系的规定中。一旦破除了制度迷信，广义的自由贸易的确预设了市场经济在世界范围内的扩散。如果市场导向的劳动分工一路推进，从全球经济的组织形式推进到世界贸易体系的每个参与国内部的经济主体，那么，劳动分工在强度上将更高，在范围上也将更广。但是，如果自我修正的理论是正确的，那么，即使从强化自由贸易的狭隘角度出发，也需要充满活力的国内实验，需要市场的不同制度形式。

值得强调的是这一原则的两大意义，因为其在世界贸易的组织形式上具有重要的实践价值。我们需要遏制产权的不断扩张，打着知识产权的旗号将一切创新变成私产。此外，我们不应禁止超越市场的"补贴"措施，政府和社会正是通过这些措施建立新型市场，从而使更多的人能以更多的方式接触到更多的资源。只有当补贴对贸易产生直接而明确的扭曲作用时，这项补贴才应该被取缔。即使到那时，如果一国的补贴目的超越了经济（例如，补贴某个经济部门旨在支持某种生活方式，并将其作为国家经历的重要部分），那么，应该允许该国坚持这种扭曲，允许其未来施行被禁止的补贴而对贸易伙伴作出让步。

重构自由贸易：国际劳动分工与经济学方法

自我修正的理论与现有全球贸易体系的第三条组织原则的对立，并不这么明显：在商品和服务的流动性（在这一点上，通过类比扩展，很多人希望加上资本的流动性）与人员的流动性上，处理方式完全对立。但是，在许多微妙的方面，第三条原则与自我修正理论的基础性观点和利益不相容。

商品和服务的自由贸易并非无条件有利；其价值有赖于下述三个论点说明的条件。作为一个直接目标而言，劳动力的自由跨境流动是不可行的。由此延伸开去，引发了许多难以解决的现实问题（劳动力输入国的劳动者权益以及社会权益的资金来源，劳动力输出国的人力资本流失①）。对此，一般的解决方案是逐步加大"药量"：逐渐累积地扩大流动权；从临时工作许可到完全居民身份，给予外国劳工分层次的权益；以及对技能工人的流出国安排补偿措施。

除了可能需要克服的巨大现实障碍，扩大跨境流动权需要革新对国籍的理解。这要求我们将民主世界的国家差别视为人类社会道德分异的一种形式。这种分异的要求及其权威性的基础在于，坚信只有在不同的制度秩序下发展出不同的生活方式，人类社会才能实现最充分的发展。如果一个人不能自由地逃离其偶然出生的社会而进入另一个社会，那么，这种道德差异诉诸制度分化的形式将威胁个人自由。

当解决方案力道不足且缺乏相应的准备和补偿措施时，扩大跨境流动权将弄巧成拙。如此，在共同的国家社会参与感下，人们也不再愿意为了维持高水平的社会权益而作出必要牺牲。由此形成的政治反应，也将为其不作为辩护。

但是，尽管需要在一切实践和道德困境中抗争，劳动力跨境流

---

① 原文为"the loss of human capital in the receiving countries"，应为"the loss of human capital in the sending countries"——译者注

动权的逐步扩大仍密切关联着开放型世界经济的价值观及利益。就缓解国家间的极端不平等而言，就通过经济活动的安排、方法以及产物来推进实验的步伐而言，上述逐步扩大仍是迄今最有效的工具。

地区交流和产品交换冲击着人们的思想和经历，全世界的人们理应直接共融，在每个国家内，都应存在源源不断的陌生人群的流动；因此，理应拆除个体在现实中所直面的分割人类社会的藩篱——这些最为激进地实现了开放型世界经济的理念，也最有力地诱发了集体自我转型。

这种自我修正的论点，首先是自由贸易三大理论的最广义形式，也对世界贸易体系批判改革理论具有最直接的重大意义。那么，自我修正论点与另外两个理论有什么关系呢？

根据相对优势理论，当一个经济体与另一个保持显著差距时，自由贸易的限制很可能面临最强的限制。但是，在两个经济体存在显著差距的情况下，除非政府规避了厚此薄彼与教条主义的双重恶果，否则无法对自由贸易进行限制。要想限制自由贸易而不产生恶果，一个国家必须坚定深化民主，而不是强化官僚体制——这就是政治凌驾于经济的论点。如果一个国家不必纠缠于当前的全球化形式，也不必应对现今被动而不容商榷的自由贸易形式，那么，这个国家将能进一步重构其政治生活及其行政实践。

结合相对优势理论以及政治凌驾于经济的论点，自由贸易的理论和实践方式在理论和实践上就都是不完备的。其在理论上不完备，因其仅仅是关于广义市场导向劳动分工思想中的一个片段，无论针对独立国家经济体间的国际劳动分工还是单一经济体国内生产者间的劳动分工，都是如此。现有思路的一大缺陷在于未能认识到专业化生产者之间的贸易收益水平是相关的。

无论是在国家级经济体还是在个别厂商的层面上，上述收益都与贸易体系内的各方对自我的持续认知能力相关。对于贸易各方相机而动的实验性自我转型能力，贸易体系施加的限制越大，贸易的优势就越有限；贸易甚至将变得有害。这就是自我修正理论的重点。从这个理论出发，前两个理论必然推导出贸易实践与其制度安排及前提假设间更为广义的联系。

在实践上，相对优势以及政治凌驾于经济所提出的论点，与其在理论上一样不完备。这些论点主张国家政策的转向。但是，当我们试图将其纳入全球贸易体系组织架构的思路中时，这些论点带来了混乱和矛盾。相对优势的情形取决于特定经济体之间的关系。当各国通过改革减少选择性贸易政策形成的双重恶果时，有的国家取得了胜利，但有的国家则失败了。

但是，无论世界贸易体系的弹性多大，该体系的运行必须依据通行规则和共同理念。这一事实正体现了自我修正理论在实践上的重要性。在选择发展策略及其制度安排时，为了平稳地实现国家层面的多元化，每个国家必须拥有并维护相应的实践工具。一个国家不仅必须规避金本位制度的功能等价物，还必须确保充分调动国家资源来保障多元性。

自我修正的论点提出了发展开放型世界经济的基础，也提出了作为开放型世界经济一部分的全球贸易体系，而无涉本书旨在抨击的任何认识误区或利益诉求。在相对优势的情形下，有一种方法能够融合选择性的临时贸易壁垒与开放型世界经济的发展。有一种自由贸易形式，能够强化而非损害自我修复的要务。但是，如果不调整世界贸易体系的方向，上述目标根本无法实现。现在，我就来规划一种调整方向。

第五章 建 议

从分析到规划

前几章提出的有关自由贸易的三大理论，对国家政策的制定具有明确的指向。但是，就世界贸易体系的组织架构而言，这些理论的意义还太不明确。事实上，三大理论中的第一个，即相对优势理论，起初看似与世界范围内的任何一体化贸易体系都不相容。因为该理论提出，能否推行自由甚至更自由的贸易，取决于贸易一方相对于另一方的发展程度。只有确定了特定的经济体，才能确定何者相对落后。鉴于上述特质，相对落后的地位是不断变化的。基于这些原因，根据相对优势理论，只有实现了一系列累积的双边制度安排，才有有效的标准来决定是否允许更为自由的贸易。这对全球贸易体系有何启示呢？

然而，对于世界贸易体系的改革，我所主张的自由贸易论点绝对有意义。这一论点对当前贸易体系的基础性原则进行了批判，也为其提出了重构路径。实现这些主张，具有理论和实践价值：三大理论的实践结果，进一步阐释了其揭示和论证的思想。

对于后面几页所提出的建议，以下两点警告有助于澄清其要点。

第一点警告，必须关乎纲领性论点的本质。就有效性和有用性而言，一个纲领不需要也不应该成为一个蓝图。一个纲领应该指明方向，并且指出从我们当前的情形出发的下一步。我们对于较为可能的转型机会的理解，反应了我们对现实的看法。

第二点警告是第一点警告的推论。就内容而言，如下的纲领并不具有长远意义：根据我们当前的理念和制度条件，确定我们当下的处境，并据此指出我们的行动方向。方向的意义比具体的后续步骤更为长远。但是，当我们遵循这些步骤时，我们必须修正对于方向的认识，并在步骤的刺激或迫使下，在利益、理念以及生活方式和组织形式中作出选择。一切之中，最为持久且具有最广泛学术意义的是，在这一纲领实践中发展出的思维模式。这种思维模式试图挣脱理性主义的镣铐：显示出我们能够多么无视当前制度安排的必要性、天然性以及权威性，同时，也能够认识其成因及其产生的限制。

上述做法的结果具有巨大的实践价值：全球化的形式和进程。全球贸易体系正凸显为全球化的核心。推动这一有关世界贸易组织架构的纲领性提议的，是一个更大的概念，即我们无须将全球化的路径限定在不容商榷的基础上，不应仅仅将就着接受或多或少或快或慢的全球化。我们可以拥有不同意义上的全球化，甚至在不同的意义上拥有更多的全球化。我们可以重新构思全球化，也可以重新塑造全球化。

世界贸易体系及其重构

既有的世界贸易体系建立在四个原则之上。如果本书的论点是正确的，那么，我们要用全然不同的组织理念来逐一替代这四个原则。

当前贸易体系的第一个原则，认可将自由贸易最大化作为世界贸易体系的合理目标。自由贸易当不起这样的重任。自由贸易只是一个手段，而不是目的。自由贸易可以为其参与各方提供巨大的收益。但是，这些收益取决于具体的实践条件，而这些条件可能无法满足。此外，即使在自由贸易得以推行的许多情形下，自由贸易的实现，仍取决于自由贸易在更广义的实验主义情形下的活力和质量。这种修改的重要方式是，对于市场经济本身法律和制度形式的实验。

认为基于国际分工的自由贸易具有优势，其实是在讨论劳动分工专业化生产市场经济的特例。为了形成并保持优势，自由贸易必须坚定贯彻一些特质，正是这些特质使市场经济成为创造财富的有力工具：该类经济能够通过分散化的个体举措调动每个人的生产力；其推崇的无政府状态，由阶层和教条维持各要素和平共存；只要有人热切企盼创新，并愿意为之作出牺牲和付出代价，那么，该类经济制度对创新是持开放态度的；同时，对于其自身出于实验主义冲动而采取的实践和制度安排，该类经济有能力拒绝。

认可自由贸易最大化作为世界贸易的组织原则，就是用狭隘的原则替代了广义的架构，就是将工具误认为目标。有些时候，自由贸易的扩张会推动经济生活中的多极化实验主义，而另一些时候则不会。在特定的形式和情形下，尽管这种扩张也会造成损失（其后，损失方将获得补偿并需要回炉再造），但其仍将解放最具前景的生产力。在另一些形式和情形下，这种扩张则将仅仅使一国经济陷于难以摆脱的相对落后地位。本书的目标之一，即提出这些情形的类别和区分标准。

一国能在多大程度上从自由贸易中获益，而不受其害，这是不确定的。这完全取决于自由贸易体系如何架构。通过将自由贸易从无条件的目标降级为有条件的手段，我们得以自由想象和研发其制度安排，在减少对制度创新和生产潜力的压制时，允许更多的自由贸易。

全球化既有形式的第二个原则在于，通过强行传播市场经济的某种特定形式，在实践中认同单一形式的自由贸易。其方法是，将一种狭隘的制度形式的限制和承诺内嵌于贸易规则中（或内嵌于世界贸易组织成员要求中）。这些要求的角度是某种特定的方式，用于对产权的内容和范畴进行界定和保护。或者，其焦点也可能是某种特定的态度，关乎对于经济生活中的政府行为。前者例如对知识产权的延伸理解。后者例如对"补贴"的普遍禁止：所有推翻市场资源分配的政府分配方式，哪怕干预未对外贸产生直接的扭曲作用，哪怕干预旨在建立允许新的经济主体以新方式进入的新型市场。

结果是，自由贸易乃至更广义的全球化的进程，卷入了世界性的制度趋同运动中。这种卷入造成了后者与前者对立的困境。因而，作为市场的核心吸引力，自由贸易与分散化举措之间的利害关系，得以削弱而非增强。

全球化和自由贸易的既有体系中，第三个原则认为资本应与商品和服务一样自由流动，而人员则不适用这样的自由流动。不太夸张地说，自由的全球经济中，物品可以自由流动，但人不能。资本是最抽象的物品，而在传统的自由贸易中，很多人愿意给予资本与其他物品同等的跨境流动权。

在原则上，就全球化进程或自由贸易学说而言，没有什么比货物、资本以及人员的自由流动性更基础。在一个世界中，如果这三者之一可以自由流动，但其他两者不可以，那么，结果将与三者同时自由流动大不相同。反过来，当资本和货物可以自由流动，但人员不可以，其结果也大为不同。但是，经济学理论和政策争议中，很少有议题缺乏理论的洞察力。这里，特殊的借口大行其道：无差别的意识形态偏见，混杂着为无原则的实践限制而进行的临时调整。

人们常说，商品和资本能够流动，因此人员没有必要流动了。根据这个想法，资本流强化了商品贸易；同时使贸易各国（尽管不是所有具体厂商）更为富裕；也开始缓解劳动力报酬间的不平等。在经济自由的传统学说中，为了防止人们万一不愿承受其行为的后果，禁止人们流动。

在试图将资本的自由流动等同为商品的自由贸易时，存在直接的现实障碍：流动的资本相当少。更有甚者，真正流动的那部分，尤其若是短期投机融资的形式，形成了一种扰动力量，与其规模完全不成比例，与其可能对生产作出的任何贡献也完全不成比例。即使在今天，21世纪初期，与主要国家的GDP相比，纯资本流比早先19世纪全球化时期的规模更小。实证研究已经确认，即使流动的自由更大且在当前全球化形式提供的庇护下获得了法律保障，资金在投资中的巨大优势仍然在国内，仍然在其本国市场。

不过，剩下的那些确实在流动的资本，则随时可以将政府推入恐慌或贪婪的洪流，除非这些政府已经建立了对多元性的保障。为了支撑本国经济增长，发展中国家将不得不调动自身的资源，而不能依赖外国资本。他们必须随时准备对资本流动实施临时性选择性但强有力的限制，即使他们希望最终实现本国货币的完全可兑换。

论及将资本自由流动与自由贸易进程相联系，尽管在理论、谨慎性和经验上存在种种障碍，但作为全球化既有形式的特点，这种联系的建立只因两种力量而止步。第一种力量是1997—1999年国际金融危机。第二种力量来自两个最重要的发展中国家的抵制：中国和印度。

资本的自由流动之所以畅通无阻，是因为几乎全世界都认可这样的假设前提：劳动力不应也不能以同样的自由进行流动。不过，无论是经济学还是其他领域，传统的市场导向思维中最具代表性的观点是，劳动力理应自由选择回报最高的工作。同时，就缩小国家差距的潜力而言，相比于进一步放开劳动力流动，其他所有的措施都显得微不足道。通过强化劳动力跨境流动权，形成了现实的落脚点，使效率与公平的标准论争达到了最鲜明而充分的统一。

现有的自由贸易及全球化的第四个原则在于，无论在国际还是一国以内，都认可劳动力在报酬和权益上的天差地别的待遇。在比较优势基础上的贸易，总是假设一些社会中的劳动力报酬比另一些社会中更好。最简单也最稳固的贸易模式是，资本富余的北方国家（代指发达国家——译者注）与劳动力富余的南方国家（代指发展中国家——译者注）之间的贸易。前者的劳动力生产率更高，报酬也更丰厚；后者的劳动力生产率更低，报酬也更差。如果限制了这种基础上的贸易自由，那么，贸易的初衷将大大受损。

不加限制的劳动力报酬不均等，通常有别于另一个更具争议的劳动力标准：出卖劳动力而换取工资的权利框架。北方国家的劳工组织代表大声疾呼，要求限制其南方贸易伙伴对其工人权益的盘剥。这些代表要求，设立保护劳工的最低薪酬标准，消除最严苛的盘剥，并将其作为进入全球贸易体系的门槛，他们还要求将这些标准纳入双边及地区性贸易条约中。在南北国家中，尽管都存在以保护主义之名反对上述要求的声音，并批评这些要求将对其旨在保护的群体造成损害，但是，越来越多的观点支持自由贸易与劳工标准之间存在联系。这些支持观点，与寻求环境标准的类似关联的观点殊途同归。

因此，如果劳动力在报酬和地位上还不可避免地存在显著的不平等，那么，就说明这个贸易体系更需要规制。无论国际还是国内，不管多么极端，工资的不平等性应该有一席之地。但是，即使在现有的实践中，劳工待遇必须满足法定的某个最低保护标准。雇佣劳动力不应放弃成为自由劳动力。雇主与雇员之间的自由协议必须具有现实意义。

在这有限的形式中，既有世界贸易体系的第四个原则可以概括为一个简单但极少被阐明的概念：根据劳动力相对资本的富余程度，以及进一步根据劳动生产率，劳动力可以甚至应该获得不平等的报酬。但是，这种不平等应有极限。这个极限就是，在自由合同的外衣下，雇佣劳动力成为了奴隶制的延续。在这种情形下，雇佣合同隐藏了极端的依附和压迫手段，使得在合同形式内限定雇佣关系成为一种徒劳。

要讲清这一假设，就必须揭示疑惑与困扰的来源，而我们之前所接受的理念及我们已有的制度安排都未能正确对待这些疑惑和困扰。关于这个问题，浮于表面的表述是，劳动力工资报酬及其法律地位之间的差异，只是程度的差异。劳动者的法定特权，及其所遭受的法律限制，都可以折算为金钱。这些特权和限制有助于劳资双方达成工资协议，而且有助于双方形成可量化的经济表达。

此外，工资有可能低到无法保障工人的生活必需，也无法满足其维持个人尊严所需的物质条件，从而，工人获得的劳动条件保障成为了一纸空文。诚然，用于解释低工资的劳动力相对富余情形，同样也削弱了工人利用法律武器争取经济利益的能力，即使工人团结起来也无济于事。关键不在于法定权力无力改变劳资关系，而在于最低劳动保障（诸如当前劳资和解所达成的条件）是不够的。

但是，只要我们考虑提高这些标准，我们就将遇到这个问题更深的层面：经济上处于依附地位的雇佣劳动力的本质和地位，这是市场经济以及国际自由贸易体系的前提。历史上对自由劳动的界定，与奴隶制或农奴制相反。自由劳动假定了三个原则性的形式：自雇、合作或合伙、雇佣劳动力。自雇和合作在实践和概念上都紧密相连，以至于两者几乎无法区分；在广义上，合伙无非是合作形式的自雇。迄今为止，雇佣劳动力已成为三者中最重要的形式。其重要性体现在应用该形式的人数上，也体现为我们对市场经济劳动分工组织形式的假定和安排深受其影响。

但是，作为旨在替代奴隶制的存在，经济上存在依附的雇佣劳动是否可能或已然在实际上类似于奴隶制？这个问题看似奇特，以至于我们很难认真面对。但在19世纪的制度及意识形态论争中，以及在诞生了自由贸易理论和比较优势学说的政治经济学论争中，这个问题都处于核心地位。上述论争的表述及其所处情形都太过遥远，难以复制。但是，这些论争所论及的问题并未随着论争本身而消逝。相反，这个问题成为当前世界范围内的紧迫问题。我们必须在不同的情形下用不同的表述来解决这个问题。

雇佣劳动的合同中，可能融合或隐含了针锋相对的事实。这些合同可能用于传输特权。21世纪早期，在部分富裕的北大西洋经济体中，尤其是在美国，工资不平等已经成为扩大最快的不平等：社会上最占优势的阶层中，许多成员以薪水或准工资福利的形式获取收入。

在同样的历史时期，在这些北大西洋国家的另一些阶层中，以及主要发展中经济体的最先进部门中，工会组织以及与雇佣关系直接相关的法律法规都在致力于改善劳动条件。但是，其通常改善的是具有相对特权的内部人的利益，而牺牲了那些没有组织保护的外部人的利益。作为旧时工会主义历史基础，大生产工业衰落了；伴随着世界贸易，国际劳动力"蓄水池"形成了，其中也包括了数以亿计的中国和印度工人；在推广市场经济和先进的生产学习实践方面，无法建立相应的制度。这一切汇集起来，形成了缺乏安全感的经验，削减了确保劳动力自由流动的旧制度安排的价值。

不过，在世界的其他地方，或在最富裕国家经济体的较为落后的部门，雇佣劳动力仍然处于极端的依附地位，极端缺乏安全感，其报酬仅能维持工人生存和工作——雇佣关系的现实证明合同就是一纸空文。

合伙或合作而非个体自雇中的自由劳动力，最直接地满足世界经济的理想形态。只有在这种体系下，交易、交换、合作以及实验的自由才能最充分最普遍地实现。雇佣劳动力应是自由劳动力的主要形式；雇佣劳动力最一般的情况是以一定程度的经济束缚揭露雇佣关系合同的虚伪——这些都侵蚀着理想市场的现实。这种侵蚀造成了经济、社会和政治方面的许多片面理解。

经由自由贸易的确认和发展，世界范围内的市场经济架构仍然依赖合作的组织形式，而经济依附型的雇佣劳动力则必然掺杂其中。在劳资关系方面的私有产权体系，因其在现实中不为所动的限制及其无可避免的结论，可能论证了市场经济架构对上述合作组织形式的依赖。在没有怨言或限制时，市场经济以及国际贸易体系，是否会继续依赖主导性的经济依附型雇佣劳动？为了得到这一结论，我们必须理解对此依赖性的论证是否站得住脚。这些论证站不住脚。其中涉及的事实太不完备，以至于在最重要的方面产生了误导。

关于雇佣劳动力（依赖于工作而被剥夺了对于生产方式的任何重要所有权份额）的必要性，一类证明是纯粹实用主义的：为了确保生产规模和工作纪律，用积累的资本购买劳动力是不可或缺的方法。通过分离投资决策和工作决策，就有可能建立一个更大的资产池，用以扩大企业规模。更有甚者，当工人被剥夺了必要的劳动工具而不能为自己进行有用且有利的生产时，从这个工人处购买劳动时间，形成了自由裁量权的合同基础，而履行该自由裁量权则不能也不应被合同完全限定。剩下的自由裁量权，依托法律及合同生效，却不能被法律及合同完全囊括或取缔。就现实的限制和机会而言，这种自由裁量权成为了指导了人员与机器的结合方式。

上述论证的力量有赖于一个假设，但该论证未能将其阐述清楚：如果不存在无产阶级雇佣劳动力及其典型性的合作方式，那么，没有哪种市场经济的组织架构制度能够满足上述条件。需要用产权的论点来助力基于规模和自由裁量权的论点。人们认为，一个私有产权体系，或多或少类似于现代西方历史上流行的那种体系，对于市场经济中的合作是必要的。

据此论点，这种体系主张，只要在产权的明确边界内，所有者对其掌控的资源拥有几乎无条件的权力。这种体系也预设，通过一系列不间断的合法交易程序，以及最终通过财产继承，产权可以随时间自由扩展。再分配的机制和标准不能太过广泛，不能破坏合同和产权体系的精华。

今天，很少有人会相信这种论点的一个强势主张，即认为根据这种模式设计的产权体系是自由的经济和政治秩序在本质上固有的。这一论点的一个和缓主张，权威更大但未被注意。该主张退一步认为，贸易体系并非自由的经济和政治秩序的本质，因为，只要是基于具体历史时期构建的制度安排都不具备本质。但是，这个主张坚持认为，如果试图压制或替换当前私有产权体系而支持一群人对另一群人的产权追索，那么，这种做法就会损害经济和政治的自由，从而破坏无数经济主体在市场经济中进行独立行动的基础。

无论是强势主张还是缓和主张，这一关于产权的论点都引出了如下结论：鉴于市场经济必须采用我们熟知的私有产权形式，在这样的市场经济中，对社会生产性资产的控制权，最终将分配得非常不平等。绝大多数人将需要出卖他们的劳动力。无论如何，能够缓解上述情形的社会权益和私人储蓄，仅足以支持小型企业。因此，在市场经济的合作活动组织架构中，经济依附型雇佣劳动占据主导地位，并成为规模与方向论点与私有产权引申论点的共同结果。

规模与效率论点，结合产权论点的和缓主张，其效力有赖于分散经济缺乏其他组织形式，即没有其他组织形式可能削弱并最终消除经济强制型雇佣劳动在当前经济中的中心地位。通过简单的分析推导，我们至少可以构想一种不太依赖于雇佣劳动力（无论这种劳动力是售卖的，还是迫于经济压力而提供的）的市场经济形式。

传统的市场经济理论混杂了两种在概念上并不完全一致的理念，而这两种理念在实践中也无须同步推进。其中一种理念关乎大量依据自身意愿行动的经济主体。这一理念强调了独立经济主体的多样性。另一个理念则关乎所有者对其掌控资源的权力的绝对性，即在范围和时间上的绝对性。

传统市场经济理论的这两个方面，不仅不一定能够结合起来，其各自与社会经济现实的联系甚至可能是相反的。现代一体化的产权制度形式是一种相当新近的架构：无论是在西方世界还是其他地区，由当前产权制度结合起来的几个力量，在法律史上曾经分崩离析，也曾属于不同类型的权利人。在一个分崩离析的产权体系内，这些权利人曾同时保有对同一生产性资产不同方面的索取权利（封建主义就是这种可能性的一个特例）。

通过分解一体化的产权，并将其权力部分赋予不同等级的权利人，我们就可能创造出对于生产性资源的分散索取形式。正如过去和当前的许多产权制度，这些索取形式也许限制了权力的绝对性和永久性。同时，这些索取形式也许使更多主体得以获取基础资源，也使独立经济主体能够以更多的方式利用资源。如果我们成功了，我们将强化传统产权理念的第一层面，而付出的代价则是该理念的第二层面。传统产权也可能存留至今，但是，传统产权制度只能作为众多体系中的一种存留下来。传统产权制度所适应的经济活动，最有理由促进和鼓励那些用创业企业家冒险并反对集体怀疑的经济活动。

这种变更的一个结果，也确实是其最高目标，可能就是令更多的人能以更多的方式获取更多的生产性资源和机会。更进一步的结果可能在于，随着时间流逝，逐渐不再以资方代表与劳动力出售者之间的对立作为生产组织的基础，并以此方式应对生产活动中的规模和自由裁量权的要务。

在理论上，我们可能做到了上述一切，但我们在实践中愿不愿、能不能做到呢？这一切取决于，利用现有的概念和制度要素，我们能否成功创造出另一种私人和社会产权体系。最终，我们的实验很可能允许不同的私人和社会产权体系实验性地共存于同一个现今多样化的市场经济中。

寻求这种替代性产权体系的实质，或从古今所有权制度中探索这一体系的实现路径，都不是本书的任务[①]。但是，本书再三出现的主题是，在每个国家乃至整个世界上，我们为市场经济和开发型世界经济设定的基础，也同样是就市场和自由贸易的制度形式开展试验的原因。

在替代性产权政策的推论中，其关于劳工地位的主张现在已然十分鲜明。当前的市场和国际贸易体系极大依赖的雇佣劳动力，面临不再转化为自由劳动力的危险，而市场交换和自由贸易的最大优势则依托于这种危险。改革后的世界贸易体系的一个重要特点是，促进了自由劳动力不再处于奴隶的地位。

根据这些事实和论断，我们可以重新表述有关自由雇佣劳动力和奴隶制的问题，并将其转化为一系列相关的问题，而世界贸易体系的改革必须用实践回答这些问题。在市场导向的劳动分工中，世界贸易体系推行的劳工地位应该是怎样的？如果要将自由工人的自由世界贸易理念付诸实践，雇佣劳动力（当受制于经济压迫时）应与奴隶制有多大的不同？对于不同国家间的劳动力工资报酬不平等，

[①] 关于这种替代体系的讨论，参阅我的著作《错误的必然性：适用于激进民主的反必然性社会理论（False Necessity: Antinecessitarian Social Theory in the Service of Radical Democracy）》（Verso，2001年）第195—206页，第480—539页；以及我的著作《已实现的民主：进步性的可替代选择（Democracy Realized: The Progressive Alternative）》（Verso，1998年）第133—212页。

什么样的限制既可行又必要,从而确保在真正自由劳动力的基础上发展开发型的世界经济?我们关于广义自由贸易以及比较优势的理论如何,尤其是经过修正而立足于真实非虚构的自由劳动力基础上的理论?

最低劳动标准代表了当前的最大妥协程度,将其与自由贸易结合,明显不足以应对上述关联问题提出的任务。但是,倘若我们带着这些问题重新思考和推进自由贸易与最低劳动标准的结合,那么,这种结合可能是一个开端。

改革的自由贸易:替代项的共融

关于自由贸易,我们的思维转型说明,当前世界贸易体系的主线需要改革。在思考这些指令时,重要的是,牢记开始时的限制条件:正如任何纲领性构想,应将接下来的提议作为方向的标记和后续步骤的选择;对于这种方向的探索,既可以选择相当切近的时刻,也可以选择相对遥远的时刻(此处,我选择一个既不太近也不太远的任意时间点);尽管这样的具体纲领在本质上是偶然且短暂的,但其指出的方向服务了更为长远的利益。

提议的要素可以归纳为四个反原则,我们用其替代当前世界大部分地区建立的自由贸易的四个基础原则。

这些考量使我们想到了替代自由贸易最大化的反原则。我们要逐步建立一个开放的世界经济,只要全球开放与国家及地区的多样性、偏离性、差异性、实验性能够最好地实现共融。自由贸易最大化不是重点;重点在于最大化不同发展策略、制度体系以及社会生活形式共存的可能性,并在此基础上推动更为自由的贸易。其结果是,在某些情形(例如相对优势的情形)下,如果抑制了制度多元性和差异发展,那么,就不应该固守这种自由贸易。

一旦这种反原则建立起来,就可以朝着国际局部多极化的方向发展。如果世界贸易体系仍然坚守促成其发展的现实和精神利益,那么,世界贸易体系所包容的国家和地区实验就应该受到限制。全球贸易秩序的参与资格,不应要求坚守市场经济或民主政治的任何具体制度形式。但是,这种参与资格可能抵制极端的去权(disempowerment):在一国范围内,压制独立经济和政治主体的机会,以至于压制挑战成规的机会。

从国家及地区实验的角度出发,若不给分散化管理企业和冷门标的投资人以机会,危及的将不仅仅是实验发生国家的公民利益,还会危及整个人类社会的利益。通过禁止一国内的厂商、团体和个人进行创新,使其无法助力与众不同的国家策略和分工方式,从而限制了开放型世界经济的发展。

因此,贸易体系的结构化目标应在于,融合不同的发展策略以及不同的经济、政治及社会多元形态,而不是最大化自由贸易。要达到这一目标,很大程度上,必须缓和开放性与多元性(方向和组织上的多元性)之间的对立。

乍看之下,这样的做法与其结果几乎是完全对立的。事实上,这样的做法具有丰富的现实意义。世界应该丰富而非限制机会,从而使各国可以选择退出一般性的贸易体系。这种退出选择权一定要是明确的,一定要经过多边协商来实施。实施这种退出选择权将面临自然限制;根据一国封闭国内市场的程度,该国也将损失同等的进入他国市场的机会。

选择在一定时期内退出统一贸易体系,需要付出一定的代价,这不同于历史上的任意豁免(如在20世纪晚期世界贸易组织初创之时,富裕国家成功固守其农产品保护政策)。退出的特权应作为普世权益而得到保障;这不应成为捷足先登者的可恶的特权。

上述方案并非首创。相比于后来的世贸组织条款,这更接近于关贸总协定（GATT）时期的协议。但是，我们不应将其理解为对开放型世界经济的背离。其作用在于，防止我们在多元性和开放性方面的利益发生基础性的对立。同样地，其结果在于，通过将世界贸易规则降到最低标准，确保开放性的利益。其后，规则可以具体发展并达成高度一致。但对于规则无法支撑的经济、政治以及社会多元性的新形式，无须限制国家对其进行实验。

考虑到相对优势理论，我在此提出的思路中，退出选择权十分重要：自由贸易的收益是最为有限的，而当贸易双方既非势均力敌，也非天差地别时，自由贸易的危害最为显著；相对更为落后的一方与相对先进的另一方之间存在显著差距。据此，各国不仅必须有权并能够退出一般性贸易体系，还必须有权退出具体的双边协议，而不是完全退出整个体系。如果一个体系完全剥夺了国家的退出权，那么，这些国家将无法实现该体系的主张。结果是，囿于体系所设计的限制条件，参照其在贸易中的相对地位，各国无法从自由贸易中获得相应的收益。

就世界贸易的指导性原则而言，倘若摒弃自由贸易最大化，而追求开放型世界经济中不同发展路径的共融，那么，这种变革的结果可能微乎其微或难以确定。但是，根据我们对其提出的假设，这种变革具有完全不同的意义。

有人不相信存在主要不同路径，有人相信世界各国的实践和制度将不可避免地趋向同一种最优模式。对于他们而言，路径替代是一个麻烦的误导性干扰项。对于他们而言，替代的危险主要在于，为限制自由贸易和放缓制度趋同提供了借口。但是，对于其他人而言，相信不同的发展路径既可能也必要，路径替代意义重大。当制度趋同的拥趸眼中只有代价高昂的错觉和无耻的私利时，制度替代的支持者辨识出了转型的机会。

就本书的学术范畴而言，我无意探讨当今社会国家发展的具体替代路径。我的观点核心在于：这些替代路径是存在的；在世界范围内，经济增长与社会包容的共融有赖于这些替代路径；反过来，普通人生活和权利水准的提升，又仰赖这种共融。在阐述这个观点的整个过程中，针对这些替代路径，我提出了一些基本论点和共同关切，并提出了如下问题：在怎样的世界经济秩序和贸易体系下，这些替代路径才得以发展。

让我们来考虑两种观点。在第一种观点中，其条件相当折中，替代路径是局部的；其抵制的是那种主张普遍权威的政经正统。为什么替代路径应该反映这种帝国野心？在用创新应对当地的限制和机遇时，各国必须找到自己的方法，将创新与错误的普遍正统要素结合起来。

麻烦的是，只有普遍的多元性才能有效打击普遍正统。两种情况必居其一。如果仅仅出于纯粹的现实需要而偏离正统，那么，在遇到第一个困难时，很可能就放弃偏离。正统的引力将所向披靡。如果多元性的基础是超越了现实需要的宗教或文化诉求，那么，偏离的力量有可能抵消正统的引力，但其代价是抛弃市场经济体与民主政体所共有的实践典范。

在第二种观点中，多元性本身必须具有共性，足以使当前的民主社会和市场经济体偏离普遍的发展方向。如果要成功抵制普遍正统，地方性的多元性必须具有这些共性，并提出普世建议的雏形。需要记住的是，自由贸易学说所依托的古典自由主义，曾经一度也是一种普世的多元性：发轫于某些国家，但从一开始就将信息传播到了整个人类社会。

但是，最成功最重大的地方性多元性，不敢也不能太过地方化，这不仅是为了成功反对普遍正统，也是因为当代社会运行的制度安排和理念无一不是相当逼仄而死板的。20 世纪的制度和意识形态尝试业已完成；结果是，在社会经验不同领域的组织形式上，当代社会受制于少量可行的选择。这种限制性的制度教条,成为了当代社会的宿命。要想打破这种宿命,就必须扩充这些教条。

这种扩充教条的抗争,注定需要两个方面的支持:国家、文化及阶层间的残酷竞争;当今世界所运行的最强势理念(坚信普通人将获得更大的权利及更好的生活)的潜在诉求。如果这一理念得以推行,就要求激进的民主,要求赋予个体以经济和教育的权利,并要求经济增长和持续创新的形式具有社会包容性。

在上述理念的支持下,要扩充当代社会、经济以及政治组织的可选形式,抗争必须从目前有限的制度安排和理念着手。在竞争的信条下,重组并革新这些安排,将在民主和实验的意义上产生重大影响。但是,要做到这一点,首先必须通过一道窄门。

这道制度和意识形态创新的窄门,积蓄了集体的力量,在世界上创生全新而宝贵的差异:自由社会中,制度形式和精神进程的差异。要辨识这种差异,就需要普遍化多元性,正是这种多元性反对了当今整齐划一的政治和经济正统。

上述现实蕴含了双重矛盾性。只有尝试过不同的发展方向,人类社会才能更加团结。但是,在深化民主、市场民主化以及个体经济和教育赋权方面,其进程必须有一定的共性。只有这样,人类社会才能在不同的方向上更有力地发展。

相比于第一个观点(用局部多元性限制普遍正统),第二个观点(用普遍化多元性反抗普遍正统)引出了本书的许多论点。但是,这两个观点都支持并建议,用不同发展路径共融替代自由贸易最大化成为国际贸易的组织原则。对此,两个观点赋予了不同的意义。有人不相信存在值得我们思考并为之奋斗的替代选择。对于这种怀疑主义论点,上述两个观点都表示反对。

任何一个关于社会的有力论点,都具备自证其明的预言要素。每一个这种预言都与负隅顽抗的事实展开斗争。世界经济比贸易体系的指导原则更为进步开明,在其中实现不同的国家发展路径的共融,就是要建立一个创生各种差异的机制。要支持替代选择,就要使其所处的世界更安全。

改革的自由贸易:市场经济形式的实验

第二个反原则关乎世界商贸的基石,它反对将自由贸易进程与某种具体市场经济形式捆绑在一起。

在设计贸易规则时,必须预设并促进对市场经济不同的理解和组织方式。乍看之下,这个反原则也几乎完全是负面的,但是,其拥有确定的主张。让我们在以下两个领域内进行思考:产权的范围和内容,尤其是在知识产权上的应用;补贴的定义和使用。

全球自由贸易规则,应该将制度一致的要求降到最低。对于自由贸易传统理论明确否定各种可能性(市场经济可以采用不同的形式,有别于当前北大西洋富裕国家及其他地方通行的形式),应抱以开放的态度。当前的制度形式只是一个子集,其背后是一个更大的开源的制度可能性及制度创新方向的集合,它关乎市场经济自身组织方式的创新。

在市场极简主义中,通过协调政府和厂商的行动,可以构建比较优势。这也给予政府更多的操作空间来构建更具有社会包容性的市场经济形式,从而使更多的人可以通过更多方式获得经济机会。

历史经验的一个教训在于,如果不改变经济的组织方式,降低市场经济的门槛是完全不可能的,尤其是在非常不平等的社会中。这种关乎市场经济组织方式的国家实验一旦得势,就有可能实现我们迄今未能实现的理想:不同的市场经济模式实验性共存,包括在同一国民经济中的不同私有产权及合同体系。

推行普遍的自由贸易,不再需要受制于狭隘的地区或国家制度选项。这将无损于追求人类社会的更高目标:从自由组合生产要素而不调整市场制度框架,进一步激进推广到对市场制度框架不断自由创新而不产生危机或对抗,并将这种创新作为一个经济体的日常生活。

这种原则性的极简主义存在限制条件,同样的条件也适用于重构世界贸易体系的思想,即认为世界贸易体系应适应差异的共存而非将一致化的商业推向极致。这种限制条件认为,无论在国际还是国内,经济、社会和政治上的多极化都应内嵌于国际贸易的规则中。之所以要内嵌,不只是为了自由贸易本身及其益处:无论在经济、社会还是在政治方面,相比于没有试验的专业分工,实验主义的专业分工都更具有前景。实验主义的要求贯彻于方方面面,从全世界的政治经济架构,到企业、工作场所及学校的内部架构。

普遍自由贸易的规则,例如自由贸易体系的准入条件或某种具体的合同及产权体系,一定不是固有的。规则的运行不应奉行错误的前提,不应认为该体系是市场经济本质所固有的。在法律及制度的精神上,规则以开明的态度接纳市场经济的一系列组织形式。对于一条缺乏关注的1850—1950年间的法学理论,这种不可知论有实践意义。该理论认为,没有哪个天然且必要的单一法律和制度形式是市场经济需要遵循的,这种形式的多样性包括产权及合同体系的差异,如果不经历重构,没有哪种市场经济具有显著的包容性。

在私有产权方面,上述极简主义的一个部分特别重要,即与知识产权相关的部分(第四个反原则将回头来讨论这个问题)。全球贸易体系如果热情接纳了民主的实验主义,那么,该贸易体系一定不会固守北大西洋富裕国家建立的某种知识产权体系,尽管这些国家相当成功地将其推广到了整个人类社会。这一知识产权体系的特质在于,它将知识产权变为资产。对此,传统的支持观点在结构上类似财产继承的传统案例:结果论者的创新激励论点,结合了义务论关于发明应获奖励的论点。借助彼此，两个论点补救了各自的弱点，从而结合起来形成了各自论点无法获得的权威①。

当前的知识产权保护措施，并非建立市场经济天然且必然的要求。这些措施只是某种创新激励手段的偶然且极端的结果。这些措施可能危及其原本要保护的利益。

替代措施是存在的。在知识产权方面，全球贸易体系应至少不要求其参与者发誓抛弃那些替代措施。例如，有些国家可以回到欧洲19世纪考虑但未采纳的道路：通过政府基金对发明的奖励以及公众对科研的资助，立刻取代对人类社会公用产权发明的奖励和资助。全球贸易规则不应限制这种实验。

就市场经济极简主义而言，全球贸易体系应当采纳的另一个方面是，关于所谓"补贴"措施的决定性转变。此时，我们的焦点不在于产权体系及分散化生产下的市场经济不同形成路径，而是这样的经济内私人企业与政府举措间的不同关系。

本应存在一个重要推论，反对在根本上取消补贴类行为。如果政府的干预或开支是直接对立的，从而改变了出口厂商的成本结构，也扭曲了本应存在的商业关系，那么，只有此时才应阻止干预。即使此时，较好的补救措施也不是全盘禁止，而是经过协商提出一系列补偿措施，涉及从贸易中获利的方方面面，包括其他部门，乃至外国以及那些由于政府对外国一次性赔偿而可能受损的企业。

普遍自由贸易的现行体系反对补贴，对此的相反意见具有深刻的原因。这些原因涉及市场经济组织制度极简主义的根源。

一方面，虽然我们已经看到的市场分配在静态上胜过了政府指令，但在动态的视角下则可能全然不同。这可能体现为市场的某些部门在组织上先发制人。可能需要重构市场，使其变得更为包容。

---

① 对此，我将在下一部分详细论述。

美国在19世纪对农产品和信贷市场的激进改革就是经典的例子。

问题在于,在当前的市场分配与新创的另一种市场及其分配中,何者更为成功。叠加了展望与回顾的迷思后,这个问题变得更为复杂。通常,我们无法预先分辨市场压制与市场重构:只有成功重构市场后,尤其是将市场变得更为包容,一切才真相大白。但是,我们不应借口失败而将失败的政策简单归结为补贴而弃之不用;一次成功总要经历许多失败。正如卡尔·波普尔(Karl Popper)评价科学中的错误,失败是成功的捷径。

另一方面,当代世界中,国家经济兴起的历史,就是为了经济利益构建政治的历史,涉及了从战争到补偿性公共投资的一切手段。在经济增长的早期,在整个经济体或其中某个部门中,公共投资所补偿的可能是局部的市场失灵。更常见的情况是,这种补偿抑制了相对稀缺的资源、设施、激励及技能的增长,而这些相对稀缺物在更发达国家的密度更高。

明显的补贴能够扭转局面(deus ex machina),能够促成从无到有的转变。对于富裕国家而言,将补偿性投资作为非法补贴而予以取缔,真是过河拆桥的做法。

正如第一个提议所述,在一个更为开明进步的世界经济中,提倡不同发展路径的共融,并以此取代自由贸易最大化而作为国际商贸的组织原则。第二个提议是否也具有如此的革命性,取决于阐述方式。

大多既有经济学思想隐含了一个主导性论点:如果市场经济中的信号和分配如假设一样有效,那么,市场经济一定具有先验的制度内涵。这种必要制度内涵中,一部分是类似于欧洲现代历史上兴起的那种私有产权与合同自由体系。另一部分是个人或厂商与国家之间的藩篱,以及政府行为及公共政策与私人企业之间的藩篱。

在这个主导性论点中,认可具体的规定及安排与通行的法律传统之间存在出入。这一论点也承认，规定和安排的各种变体之间存在显著差异，尤其是在相对重要的市场和国家方面。根据简单的液压理论，当政府进行规制、再分配甚或生产时，政府就从内在运行机制上缩减了市场在资源配置中的力量。但是，上述规定和安排的变体，无助于改变市场经济的根本性制度内涵。

只有在经济学的一种主流思想中，这个论点才变得明确且得到了公开支持：在之前的章节中，这种主流思想被归为比较优势的策略，强烈主张市场经济存在某种固有的制度形式，并认为这种制度形式在经济和政治自由中不可或缺。但是，这一论点并未遭到经济学其他主要思想的挑战。纯粹主义者在分析的不可知论中寻求庇护。模棱两可的理论者则用其反对的观点进行辩护，对于现代西方历史上大行其道的理论和现实，即市场经济的狭隘形式，他们默然接受而不加争论。

就唯一被认可的市场经济类型而言，任何偏离都将被怀疑为统制经济（dirigisme）的倾向，被当作对经济的一种或另一种干预来替代市场配置，而运行完好的市场最终也能形成这种配置。似乎只有在修正"市场失灵"时，才有必要进行规制，在纠正失灵的原因之前，对失灵的结果进行补偿。对于补贴的静态认知——凌驾于真实或理想的市场配置之上的资源配置，在动态市场重组（例如，使市场更具有社会包容性）时，可能使其早期行为莫名其妙荒诞不经。关于不同的私有和社会产权体系在同一个经济体中的实验性共存，谈论这种问题如果不是无用的，就可能是危险的。人们将误以为，这种谈论攻击了市场经济核心的私有物权法，而这种攻击是为人不容的。

就上述论点的任何一个变种而言，让我们考虑其主要观点，即如果国际贸易规则不要求坚持某种特定的市场经济形式，在造成实质性损害的同时几乎不能产生收益。之所以几乎没有收益，是因为未来不可能对市场经济进行有价值的根本性重构。之所以存在实质性损害，是因为，如果采用适用于其他市场经济形式（不同于有限的"资本主义其他变体"）的行为，那么，将成为贸易扭曲和市场限制的借口。对补贴的容忍，正是这些恶果的例证。

在世界贸易改革的第二个提议中，如果我们相信替代形式是可能且必要的，那么，极简主义的重要性将发生彻底的转变。在这个相反的观点中，阻止了关于市场的无政府实验主义的进一步推进；组合生产要素的自由，无法推广为更深远的力量来重组生产及交换的制度环境要素；在世界范围内，难以指望经济增长带来更多的不可抗拒的经济机会；要想扩大生产工具的可得性，就必须接受永恒且绝对的传统产权；在整个经济体中，先进的创新友好型合作方式，难以冲出优势及先进部门（这种合作发展最可能在这种部门内发展）的边界。既有的市场经济形式，受惠于对禁止和不公的迷信。

国际贸易的组织架构，既不应强化已有的市场经济形式，也不应推行其中某种具体形式。在关于市场经济形式的争论中，国际贸易应采用尽量中立的组织架构。国际贸易的组织架构应避免市场经济的不同形式间对立，以促进其共同推进开放型全球经济的发展。

关于民主深化及市场经济民主化的理论和制度创新，以及关于强化个人教育和经济禀赋的理论和制度创新，为世界经济制度的修正建议提供了重要的支持[1]。同样，关于国民经济发展的不同路径的理论，也提供了重要的支持。这些理论都阐明了，如果我们相信开放型的世界经济实质上应允许不同的制度及发展形式的出现，正如允许商品和服务的自由流动，那么，我们将受益匪浅。

但是，这些提议的完整性和权威性的关键在于，不能依赖于不

---

[1] 我在以下两部著作中，详细阐述了这些理论：《已实现的民主：进步性的可替代选择（Democracy Realized: The Progressive Alternative）》（Verso, 1998年），以及《左翼应该主张什么？（What Should the Left Propose?）》（Verso, 2005年）。

同的制度及发展形式中的具体的某一种。对于市场经济以及民主和自由，全球贸易体系不应主张全世界将要也应该统一到某一种形式上，全球贸易体系应放弃这个争论已久的论点，而允许未来自由发展。关于社会未来的不同观点，全球贸易体系应在争论中尽量保持中立。出于同样的理由，全球贸易体系在以下争论中也应保持同样的中立——当限制普遍正统性时，应该采用局部多元性，还是像正统性一样普遍的多元性。

如果替代路径都没有价值，那么，这种开明的极简主义也可以更快将其全盘抛弃，以防承袭而来的意识形态幻象的余孽阴魂不散，防止其干扰我们选择唯一可靠的发展道路。如果替代路径的确有发展价值，那么，这一世界性实验的意义不仅在于揭示了这些路径；这一实验有助于形成这些替代路径。

改革的自由贸易：货物自由流动而资金受限，人员自由流动而思想更强

支撑世界贸易体系改革平台的第三块板是，商品与服务自由贸易、资本自由流动以及人员自由流动三者关系的重大变革。我在前文的讨论，引出了这个变革，并对此作出了论证。

扩大资本自由流动的机会，应与自由贸易的发展脱钩。在某些情况下，为了保障多元性，一个国家就有理由限制这些流动。这种限制资金流入流出的情况，在相对优势的情形下更为普遍：一国与其主要贸易伙伴国都保持显著的差距，而该国正刚开始奉行一种离经叛道的原创的国家发展策略。因此，不是由于规定的施行，而是由于一连串可预见的情形，该国在临时退出自由贸易的同时，将对资金流动采取短期限制。如果贸易体系不强令推行资本自由流动的参与方保持一致，那么，在长期内，该体系对资本自由流动将更为

有利而不会产生损害。

既有理论与其认可资本的自由流动，不如认可人员的自由流动。这种转变应该嵌入当今世界贸易体系的多边进程、协议和规则中。尽管可能遭到反对，这种转变仍不失为一种假定。

论证市场能够完成资源配置及组合的观点和假设，直接推导出应逐步加强劳动力的跨境流动权。这种跨境流动权的强化，绝对为消除国家间不平等作出了最有效的贡献。

如果放开劳动力流动的进程太过冒进，那么，其引发的巨大动荡和反应将掩盖其优势：相对缺乏技能的劳动力地位将进一步恶化；较为富裕国家的劳动力权益普遍恶化；这些国家本已不堪重负的社会保障和权益体系，将面临不能承受之重；在许多小国和相对同质的民主社会中，对那些支持近代民主进程的种族感情的认同将被削弱；移民输出国原本稀少的技能劳动力将进一步流失。

但是，在谨慎政策的累积效应下，这些现实或潜在的问题都将迎刃而解。例如，从临时工作许可、有限社会权益到完全的社会和政治权利，逐步放开。推行这种逐步放开政策的同时，也要对技术工人流出国进行补偿，因这些国家为技术工人的教育和培训花费的大量资源难以弥补。抑制了境外大部分投机活动的机制和惯例产生了巨大惯性，与上述预防性的渐进措施相结合，应该足以平抑劳动力过度流动带来的风险，同时能够确保全世界从中获利。

在强化劳动力自由流动的进程中，首先遇到的重大现实障碍就是，流入国劳动力地位和社会权益遭受的威胁，以及流出国面临的受教育人才流失。但是，这些令人却步的问题也有解决之道——可以缓慢扩大移民接收量。移民可以逐步获得社会和政治权利。受教育工人流出国应受到流入国的补偿，在其工人技能方面进行投资。

反过来，这种渐进措施和补偿，降低了一个更为根本的风险：外来人员群体扩大，动摇了文化同质性及国家一体性，从而有可能破坏实际的社会团结,进而侵蚀社会民主的基础。相当大量的证据表明,只有克服困难,对于其他群体及其后代的主动责任感才能超越种族情感。

20世纪欧洲社会民主蓬勃发展的背景,的确使国家认同和民族团结。相比于其他任何情况,在当时的背景下,更容易用"我的同胞"(my fellow citizen)来回答"谁是我的兄弟"这个问题。但是,即使最为民族化的欧洲社会民主,不会是也从不是一个大写的家庭:在任何情况下,相互依赖感都基于共同的责任和目标。民主必须为这些国家层面的经历提供更多机会:这些经历越丰富越深入,就越能吸引外来人员参与其中。容纳更多的外来者,也在一个侧面上体现了对新事物的开放态度。而对新事物的开放态度,则是民主社会及其支撑文化发展中的重要特质。

因此,在为劳动力争取更大的跨境流动自由时,面对我们需要克服的困难,我们不应止步于应对这种自由流动给北方国家工人以及南方国家社会带来的威胁。我们也必须直面这种流动对既有的国籍观念提出的挑战。民主世界国家差异的价值在于,允许人类社会在不同方向上发展力量:内嵌于特有的实践和制度中的不同生活方式。在民主内,预言的声音必须盖过记忆。在这样的世界里,国家差异激发了人类社会精神的多元性。

根据自由政治理论的一个根本性的错误前提,自由民主应区分其制度内的客观权利与有利于其公民个体的法律及争议观点。但是,事实是,这种区分难以持久。一个民主社会的优点在于,它以开放的态度面对更广泛的人类经历及可能性。然而,每一种制度秩序都推崇某些经历形式,而抑制其他形式。在追求对差异、争议和创新保持实验性开放的真实目标时,我们需要做到的是,古典自由主义学说的信条——面对不同的观点而保持中立。

在制度分异下鼓励类社会精神差异化,其要求和条件是,个体有权脱离其偶然降生的社会而加入另一个社会，否则将损害自由，进而损害民主本身。不能因为个体的偶然降生，而将其束缚在可能对其缺乏同情的精神环境中。出于这个原因，流动的权利与人类社会政治分割的价值密切相关。

上述言论说明，应该改变那种赋予货物流动自由（并将资本类比为货物而赋予其自由）却不给人同样自由的原则，也说明了应该用什么来替换这一原则。替代这一不公教条的，应是人员跨境流动权逐步扩大的倾向。这一倾向应谨慎推进，积跬步而至千里。这一倾向应受制于对情形和机遇的判断。

当一个国际执行离经叛道的国家发展策略时，对资金流动的选择性的暂时限制，有时有助于该国迈出第一步。这些限制将加速而非延缓该国实现货币完全可兑换。因为，这种对资本流的限制，将形成对发展多元性的保护措施（正如前文所讨论的）。从而，一个发展中国家不再需要为可兑换货币而缴械投降，不需要为了有限的肤浅开放而牺牲更多广义而根本的自由。资金的自由流动是一个权宜之计，通常是有用的，但有时则具有短暂的危险性，其重要性及效果完全取决于其运行环境。相反，人员的自由流动是一个原则，虽受制于具体的限制，但与市场经济的主要优势紧密相连，也蕴含着重大的实践意义。

逐渐建立的劳动力跨境流动的普世权利，其有效性及完整性取决于世界大部分地区业已开展的转型是否持续：重铸一个精神差异化而非类生物演替的原则，从而容纳国家间的差异。相比于自由贸易取决于国家的一致和制度的趋同，当对个人权利、禀赋以及能力的追求结合了集体生活中大为增加的不同形式，此时的世界更有利于推动全球自由贸易体系的改革。当每个人都能有限地避免偶然降生在其排斥的社会和文化中时，当每个人的精神认同都不再屈从于命运时，相比于剥夺人们上述自由，此时的世界更欢迎持续的创新。

改革的自由贸易：从雇佣奴隶到自由劳动力

改革的普适性自由贸易体系中，第四个原则在于，贸易体系的制度安排应旨在帮助自由劳动力实现实际的自由。这些制度安排，应有助于减少自由劳动力因经济压迫而持续类似奴隶和农奴的现象，而自由劳动原本更替了奴隶制和农奴制。考虑到自由劳动力法律地位的实际内涵，国际劳动分工下的工作和工人地位岌岌可危。

我已经提出，在能想到的自由劳动的三种形式——雇佣劳动、自雇以及合伙中、之后后两者或其组合，与奴隶制完全切割开来，充分实现了市场经济的理念。合伙优于自雇，因为前者的合作形成规模经济。但是，雇佣劳动在任何地方都是自由劳动的主要形式。现在，我们面临的问题是，开放型世界经济的发展前提和制度安排，是否一定要限制或加强雇佣劳动的特质，而正是这些特质使雇佣劳动对自由工作概念的落实既不完备还很可疑。

自由劳动力的真自由，事关我们经历及未来的方方面面，事关人类社会挖掘其超脱情境的本质，尤其关乎市场经济的特征。劳资关系的合同形式，一方面是真实的，另一方面是虚假的。在当前的劳资合同表述中，劳动力是更像还是更不像奴隶和农奴，这关系到我们未来经济和社会安排的形式。

为了实现自由劳动力的真正自由，最直接的方法是，将贸易标准与劳动标准相联系。根据这种联系，全球、地区及双边的自由贸易安排都应接受劳动标准，使自由雇佣劳动力不会变得更接近奴隶或农奴。根据奉行这种联系的基本做法，生产率更低的穷国应承诺遵循更为严苛的劳动标准，从而得以进入富裕国家的市场，从而颠覆思想在世界范围内自由流动的障碍。这些障碍中较为突出的是，当前知识产权法律体系造成的障碍。

我们有充分的理由，将全世界人员自由流动的进程分割为细碎而连续的步骤。但是，我们没有理由限制思想的自由流动，哪怕是暂时的限制也不行。判断货物的流动是否有利于人类社会，取决于这种流动的安排能在多大程度上促进思想和人员的流动。在物质和精神的重要性上，思想和人员的流动胜过货物的流动；在评价后者的组织架构时，唯一最重要的考量在于，其与前者组织架构的关系。

服务于上述联系的劳动标准，其当今的定义应包含四个要素及发展的范围。该定义仅仅是一些理念的适度强化，而这些理念已在全世界成为主导。

在具有适用性的劳动标准中，第一个要素是，禁止一切形式的无论是公开的还是隐蔽的奴役及强迫劳动，不得否定工人售卖或拒绝售卖其劳动力的自由。同样的禁令，也适用于以下情况，即在实际上假定个人自决是不存在或严重不足的，而个人的物质和精神完整性面临危险。因此，必须禁止童工。同样，也应禁止极度危险或奴役的情况，除非工人（充分了解情况并不因恐惧或贫困而接受）为了超常的补偿而选择接受。

第二个要素是，在就业和薪酬分配上，取缔任何形式的歧视。在工作安排及薪酬发放方面，不得存在任何与所完成工作任务价值无关的歧视。如果允许对工人进行专制的划分，那么，情况将不利于挖掘每个工人超脱情境的品质。如果不考虑人们的工作或学习能力，仅凭其无法摆脱的社会阶层，就认为某人的工种或报酬是天生注定的，那么，自由劳动力将更接近于奴隶或农奴。

第三个要素是生存工资。工人得到的工资，必须能使其及受其赡（抚）养者能够维持生活，并维持其社区及社会在当时所认可和要求的最低个人尊严。不妨设想一种例外情况，即该国太穷且生产率低到无法提供这样水平的工资。试想，即使该国坚持了劳动标准，并进一步接触富裕国家的市场、观念、实践以及创新，但该国仍然无法支付这样的工资。在这种情况下，补全工人的薪酬及提高其生产率，成为了全世界的责任。无法获取生存工资，将再一次缩小自由劳动力与奴隶之间的差距：经济上的极端贫困，造成了歪曲雇佣关系合同形式的危险，也可能剥夺工人作为独立的经济和精神主体的客观条件。

第四个要素是，劳资关系的组织方式，以及允许对售卖劳动力进行和平辩论的更广义的政治生活。这种安排的前提是，依附型雇佣劳动力本身就是自由劳动力的一种缺陷形式，与奴隶制藕断丝连。结社权，即组织工会和罢工的权利，是这种需求最为直接和最为人熟知的表达。

正如应该允许对市场经济形式的实验，也应该允许对结社形式的实验。举例而言，最有效的工会组织形式可能是以下两者的结合：社团主义原则，用以实现经济体中的工人自治组织；合同主义原则，用以对既有工会结构中不同职位进行监督。无论是否与政党挂钩，竞争性的劳工运动都是为了竞争工会结构中的职位，正如政党争夺政府结构中的席位。自治工会组织转移了精神焦点，从是否要结社转移到如何利用结社的力量，转移到一国之中经济地位最为弱势的那部分劳动力的权益。从而，在劳资双方的谈判中，将出现团结而包容的倾向，不允许出现以下鲜明的固化分隔：拥有特权的内部人在资本密集型高生产率部门把持高薪岗位，而被剥削的外部人则在资本稀缺部门从事朝不保夕的低薪工作。同时，由于成员资格上的包容性及其稳定性，自治工会组织对于成员的关切，超越了经济诉求，转而聚焦于权利和制度。

只有在民主的情境中，切实结合了代议制和直接民主的特质，结社的优势才能最完全地实现。一个社会的组织性及参与性越强，就越有能力面对以至实现不同的未来，就越有可能将实现自由劳动力的真正自由作为社会关切的核心。

在劳动力解放方面，无法度量的是，劳动力是否成功获取了国民收入中的某一份额。这是无从计算的。正如我所指出的，那种认为真实工资提高必须与劳动生产率增长挂钩的理论是错误的，尽管该理论十分风行。经济体与政体中政治及制度进程，将有力地影响劳动力所获得的国民收入份额。但是，真实工资持续落后于生产率贡献，这就形成了一种危险而不公平的可能。如果工资不处于上升中，或上升乏力，那就意味着，在某个经济部门或整个经济体中，缺乏动力去追求更高级的经济生活方式。这种更高级的方式，之所以能提高生产率，是因为它使用机器进行重复劳动，从而帮助人们将更多的实践用以解决尚无法重复的工作。

劳动标准应被纳入国际贸易的条件，而这四个组成部分则推动了共同的愿景。这个愿景就是，减少雇佣劳动力所承受的经济压迫，并在标准工作状态下用自雇及合伙逐步替代雇佣劳动。只有大大拓展私有及社会产权形式的范畴，自雇及合伙对雇佣劳动的替代才与生产中的规模及自由裁量权的要求相容。

论及贸易与劳动标准之间最直接的联系，就需要提及当代世界的两个主要问题。第一个问题是，全球劳动力资源池的形成，尤其是来自中国和印度的大量人力成本低却有更高技能水平的工人，促使富国的工人思考自己的处境。第二个问题是，在某些发展中国家，由于全要素生产率较低，工人工资遭受持续压制而无法从国民收入中获得相应份额。在一定程度上，这种工资压制，缩小了雇佣劳动力与"奴隶"之间的差距。

对于这两个问题，一个片面的应对是，立刻将我所描述的，最终将雇佣劳动转化为自雇及合伙。根据这个应对，穷国将同意采纳这种劳动标准，从而换取更多的富国市场准入，同时也得以接触由富国扩散的思想和创新。（关于接触这种思想和创新的条件，我将在后文中分析。）但是，将劳动标准纳入自由贸易条件的做法，超越了其直接理由：其基本利益和目标在于，建立基于自由劳动的开放型世界经济，并彻底消除自由工作中仍然残留的奴隶制余孽。

过去的经验表明，以劳动标准换市场准入以及思想和创新，可能产生两种相反的实际效应。

一方面，这将促使劳动回报进入上升通道，刺激劳动力相对快速地从重复工作转入尚无法重复的工作。其后，整个人类社会将上升到更高的生产率水平，并拥有更大的野心。

但是，另一方面，这也可能使某些经济体陷入单位劳动力成本过高的陷阱。劳动力的有效成本将上升，而生产率水平并未同步上升。前文提及的墨西哥的情况，就印证了这种结果：劳动力成本永远不可能像最便宜的那几个国家一样低，但又达不到某些廉价劳动力国家（中国、印度）的生产率水平——无论是全要素生产率还是劳动生产率。这种生产率陷阱，无关乎劳动标准与贸易之间的联系。但是，这种联系造成了工资成本上升，从而恶化了生产率陷阱；提高劳工地位，可能既无法提高劳动生产率，也无法提高全要素生产率。

有两种改变，一者区分了国家发展路径，一者体现了世界经济秩序内制度安排的特征，两者作用下更可能出现良性结果——生产率上升而不落入陷阱。这样的内外部改变，有助于长期保持生产率的持续革命性。

内部改变可以分为三类措施。本书前文已对其中每一类进行了研究。

第一类改变，保障国家发展策略选择的多元性。政府必须抛弃19世纪晚期金本位制度在后世的功能等价物：这个综合征包括，较低的国内储蓄率、较强的外资依赖、无条件的资本流入和流出自由、储蓄与生产间的弱联系、服务于食利阶层利益而侵害工人和新创企业家利益的公共债务管理、削减公共开支和投资而非持续增税的财政纪律，以及广义上拒绝任何一种国家策略。这些思想和做法，束缚了政府的双手，使政府受制于国内外资本市场的心血来潮和一票否决。这最终将导致政府的自我阉割。相反，政府应该调动国内的自然、金融和人力资源，从而对抗上述"投降"综合征的每一个要素。政府需要在自己的权限内组织一场没有硝烟的经济战争。

要想增加良性结果出现的可能性，国家策略方向的第二类特质是，通过重组市场经济使其变得更加包容。其指导性目标必须是扩大经济和教育机会。经济机会的拓展，将反复要求创新：人们获取生产性资源的诉求创新，以及最终实现合同及产权体系的创新。

这些创新将包括，私有企业与政府政策在共存方式上的变革。创新不应满足于美国模式提供的选择，即政府对企业的规制保持距离，以及由中央政府推行统一的产业政策。创新应发展合作竞争的网络，从而使私人生产者在竞争的同时能更容易地接触资源池。

公共政策应抵消对相对落后国家或部门的限制，并弥补在相对落后情况下用一条生产线来放开另一条的困难。但是，这种公共政策旨在激发创业活动的热潮，应辅之以选择性的竞争机制，从而区分好坏结果。如果由于引入自由贸易的要求而使外国竞争受限，那么，国内竞争应变得更有活力。

学校从家庭和国家手中接受孩子，而教育机会的拓展则要求学校确保孩子掌握核心的通用、实用与思想能力。教育机会的拓展，要求教育服务于实验主义的理想范式，聚焦于问题的解决和分析而非信息的灌输，建立合作而非权威和个人主义的环境，青睐选择性的深入而非百科全书式的覆盖，致力于辩证而非教条。

为了全要素生产率的持续增长，第三类刺激措施是，放开先进生产部门的准入：这些部门的特点，与其说是资本和技术的累积，不如说是创新友好型合作措施的广泛应用。要实现从生产到持续创新的转变，对于合作与竞争，对于概念、实行以及实行主体间严格区分的强化,不应允许这些仅在条件有利的先进部门(只与经济体内其他部门保持微弱联系)内发展。这些措施必须超越其原本构想的作用范围——生产的前沿。这些措施的引入,必须早于其原本构想的时间——获得发达国家地位。这些措施的发展和扩散必须抛弃既定蓝图——通过分散的激励方式扩散,而不是遵循某个全知力量谋划的策略。除非借助政府政策和社会行动,否则,上述措施无法付诸实践。在许多相对更为落后的国家,或在最发达经济体中更为落后的部门,上述措施弥补了生产前沿性的支持条件:严苛的教育与高度的信任。

为了提升劳动标准,使其促进全要素生产率的持续提高,而不致落入生产率陷阱,一个主要的国际条件是,思想和发明在全世界的自由流动。(相比于机械发明,思想在事物中的体现并不少。例如,我们用类似规则的范式表达重复劳动,而实物装置则体现了这种范式。)这种自由流动的结果,将削弱李嘉图比较优势学说的一个假定在现实中的基础:不同国家间生产技术的差异。

一段用以描述 17 世纪英格兰皇家学会成员科学抱负的文字,可以用来形容世界贸易体系内的每个成员国:"(他们)理应眼观六路耳听八方,他们理应拥有同样的全面的情报;所有发现都应归他们……"[①]

世界范围内生产率革命,并不能自动带来思想和发明在世界各地的有效传播。即使一个思想已经体现在一部机器中,将其有效应用于机械发明,尚需诸多步骤。但是,其意义超越了单一事件,从而,创新革命及创新作为持续力量的有效性,将获得大为开阔的

[①]托马斯·斯普拉特(Thomas Sprat)著,杰克森·I. 科普(Jackson I. Cope)与哈罗德·惠特摩尔·琼斯(Harold Whitmore Jones)编,《皇家学会历史(The History of the Royal Society)》,伦敦:路透里奇与科根·保罗(Routledge & Kegan Paul)出版社,1959 年,第 20 页。

前景。

为了得到上述结果,需要面临的最麻烦的障碍是,当前的知识产权法律体系。今天,那些最富裕的国家试图在全球范围内扩展和推行这一体系,并将其作为世界自由贸易的条件,同时也将之作为其试图推广的那种市场经济的必然未来。他们坚持将这一体系内嵌于一切多边性、区域性以及双边性协定中。相反,开放型世界经济的发展,需要对这一体系进行彻底的变革。

在结构上,支持当前支持产权保护方式的论点,与捍卫财产承继是一致的。差异只存在于结果中:一者损失了机会的平等性;在从事重复性更低而生产率更高的工作方面,另一者则损害了全世界人类的共同利益。

在这两种争议中,存在两种不同的观点,并且它们彼此联结:一种从自然权利出发,另一种从不可或缺的激励出发。第一种观点来自前政治(prepolitical)权利,或曰自然权利:无论是继承权,还是针对发明使用的收租权,权利的合法性都来自一系列彼此联系的权益。在这种观点中,只有权利的法律根源以及使权利生效的一系列法律进程,才是当前权利受益人的基础。

所有来源于自然权利的观点,都具有一种束缚性的迷信:为了论证社会制度安排的自然性,否定或严重低估产权的偶然性、建构性及其受益方式的多样性,而每种受益方式都对社会造成了不同的结果。这些观点也未及关注对个人及其财产的授权,防止一切形式的政府或私人的特权压迫成为排斥和镇压的工具。关键是,在具备重要保障的避风港内,个人是安全的,经济和教育禀赋并不依赖于把持社会中某个特定的岗位或地位。当个人对抗、改变及超脱其行动环境时,这些禀赋是其唯一的基础。

如果来源于自然权利的观点是错误的,那么,来自激励的观点既不完备也不包容。继承权是精神和努力的必要激励。专利体系内对知识产权的排他性保护，及其建立的法律垄断，是对巨大风险及金钱和实践投入的补偿，资助了发明在长期内从投机性的推测转变为切实的实践。

这一观点是切实的，并非虚幻。但是，其重要性取决于，是否存在其他方式完成同样的激励，而不产生附带的危害。就财产继承的激励措施而言，当继承的效力不依赖于扩大某人继承份额的权利时，尽管掌权者及杰出者等优势群体积累了财富，仅适当的家族继承限度能否成为主要的激励？公共奖励和补贴体系，正如19世纪进行尝试又被压制的那种体系，能否为发明提供必要的鼓励措施？抑或，当奖励和补贴被证明不充分时，对回报的非排他有限追索权，如风险投资家对其投资标的企业可能拥有的追索权，能否达到预期的效果？

来源于自然权利的劣质观点与来自激励的无结果观点，即使无差别结合（二者的确在实践中结合），即使用一者掩盖另一者的缺陷，也无法形成一个优质的结论性观点。

当前的法律体系，限制人们在世界范围内充分分享人类才智的产物，并且危及自由劳动力的价值，而自由劳动力刺激了全要素和劳动生产率的持续革命。针对这种法律体系，找到其实用的替代路径，对我们有重大意义。

现在，根据前述三个反原则，让我们来思考世界贸易体系主导原则的第四个反原则。本书的公开主题是货物的跨境流动。其隐藏主题之一，是人员及思想的跨境流动。对于货物的跨境流动，我们最大的希望是其有用，虽然我们必须认识到其有时是有害的。

人员和思想的流动远比货物的流动有用，它给全人类带来了更多的平等、财富和权利。人员的流动和思想的流动，都可能为经济增长以及经济和技术的创新做出贡献，它超越了世界范围内货物流动所带来任何贡献，甚至超乎我们的想象。人员流动和思想流动，都蕴含着无法抗拒的追求平等的力量：在这两者的机制下，经济增长与社会平等得以携手共进，而非针锋相对。

但是，人员和思想的流动不仅仅是有用的，它还是神圣不可侵犯的。在全人类成为一个多元整体的进程中，它是其中一环。它是神灵般的存在，确立了个人和种族超越其所建立和居住的具体社会和文化世界。人员流动和思想流动，迫使我们面对自我，都使我们不安和震颤。通过将我们的利益、理念及身份从我们习惯联想的环境中分离出来，人员和思想的流动促使我们重新构想和塑造了我们的利益、理念及身份。因此，这两种流动都促使我们拥抱新事物，令每个人都有更多的机会成为自己想成为的人。

从上述逻辑出发，在评价货物流动是好是坏时，最重要的标准之一就是，货物的流动是促进还是阻碍了人员和思想的流动。将本属于人员和思想流动的神圣性赋予货物流动，不仅仅是一个经济或政治错误；这是盲目崇拜造成的精神扭曲，它混淆了活生生的、超然的、具体的精神与无生命的事物。

同样的思路还体现在贸易与劳动标准的关联性上，也可以类比扩展到贸易与环保标准的关联性。但是，前者并不具备后者的特点。

将环保标准内嵌于贸易协定，其部分原因是我们熟悉的。这种做法防止了不可持续的经济增长形式的扩散。这种做法可能团结全人类来捍卫共同利益，包括避免灾难性的气候变化。这种做法要求代际公平，防止这一代人生活的改善建立在破坏自然的基础上，防止剥夺下一代人从自然中获得的物质和精神利益。但是，还有更多的原因将贸易与环保标准相联系。

其中一个原因是，生产和耕作面临的环保约束压力，也可能促进技术和组织创新，从而促进生产率的持续革命。对自然的破坏，不仅是我们对自己和子孙后代犯下的错误；这也是我们避重就轻摆脱压力的方式，就好像通过掠夺自然能避免耗费我们自己的才智。

但是，增长的压力也可能导致两种不同的结果：进一步追求全要素及劳动生产率的持续增长，或在低生产率的陷阱中进一步沉沦。负担和危险更可能落在发展中国家，而这些国家最无力承担。这种可能性同样要求这些国家受到补偿，因其坚持环保标准，而获取发达国家市场准入以及全世界的思想和发明。但是，这些补偿很可能被证明不足。应从以下两个方面对其进行补充。

第一个补充是利用扩大的规模。环保标准应与发展和生产率的大类挂钩，从低水平开始，随着国家排名上升而变得更加严苛。如果世界尤其是发达国家想要更快的时间表，那么，他们就应该为此付出代价，提供一次性的先进转移支付以及更多的市场准入。其次，如果发达国家自身也抵制实行随规模变化的环保标准（正如当今美国的情况），那么，对发展中国家提出的环保标准，也没有理由随国家规模发生变化。

第二个补充指出，为了人类社会的利益，对国家内部整个地区的发展形式做出限制是有利的。这是普遍问题的极端形式：为了保障整体利益而作出不公平的牺牲。相同的困境可能更为突出：某个国家因给定的比较优势而特别适合某些技术或产业，而这些技术或产业受到了环保标准的限制。在这种情况下，同样的通用解决方案可能是适当的：世界应向这些国家提供更多的市场准入或直接的现金转移支付作为补偿。

这种解决方案的有用性取决于，其承诺扩大机会以保障全球贸易体系中各成员国的共同利益，同时将对成员国实验多元性的限制降到最低。这种方案的目标和方法，都可以应用于远超环保问题的范畴。

贸易与环保标准的联系，仍有待最终论证。这涉及本书关于人类社会的核心论点。这一论点的中心思想是，无论从个体还是从机器的层面上看，比起我们所建造和居住的社会文化世界，我们本身都更加重要。对于我们而言，最终可能不存在这样的参照系：一个制度或理论情境，作为我们的绝对家园，容纳了各种我们能够创造也有理由珍惜的经历。不存在这样的绝对参照系，说明了两个重大问题。

第一，我们需要允许制度和理论结构的自我修正，从而对其进行创造，消弭结构内部人与外部人的差异。在这个我们无法也不应奢望的完全包容的无敌参照系中，改变结构性限制与自由挑战结构的关系，是其另一个优点。

第二，无论从集体还是从个体的角度出发，如果我们想使自己更强，就要保持与众不同。只有朝不同的方向发展，只有将生活方式内嵌于不同的制度秩序下，人类社会才能实现发展。

不过，就这种不可或缺变化多端的多元性而言，丰富我们与自然的关系，是另一种激励多元性的方式。如果我们与自然的关系局限于破坏或取悦的二选一抉择，要么将自然作为燃料加以掠夺和利用，要么将自然作为我们寻求庇护和散心的花园，那么，我们与社会生活的自然环境的互动将无助于我们重塑自我。

但是，试想，在全世界彼此分割的国家中，我们开展经济生活，以期丰富与自然互动的方式，从而跳出对自然工具性利用与非工具性参与的对立选择。这种丰富的方式，将激发也要求新的社会与经济组织形式。届时，对自然的保护将既有效又多元；这将有助于社会的重塑。

自由贸易的困境与经济学的可能性

如果将本书作为反对自由贸易的檄文，那就是对本书的误读。本书并非如此。本书的直接关注在于，我们应改变对国际贸易的收益与风险的理解。我所推崇的理解，引出了如下讨论：如何建立一个开放型的世界经济,而不损害我们最重要的物质和精神利益。如果我最切近的目标是重新构想自由贸易,那么,我较为远大的动机就在于,对市场、劳动分工、生产交换与社会生活其他部分的关系等方面,呼吁改变我们的认识。

对于传统的分析范畴,如果我们不加以拓宽,甚至是大大拓宽,如果我们不将其从贸易拓展到经济生活的整体,如果我们不抛弃部分既有的假设,那么,关于国际商业的上述论点将不可能形成,也不可能被阐明。

需要抛弃的假设之一,涉及如何认识国内及全球市场的抽象概念与其实现的具体法律制度安排的关系。两者之间不存在简单的直接通道。一国的市场经济可以采用无限种不同的组织方式,而每一种都将对社会生活的经济和非经济层面产生不同的影响。同样的思路也适用于开放型世界经济的概念。只要我们没有将上述真理牢记于心,或者我们只是在原则上假装接受但不将其应用于我们的分析和论证,那么,我们对于自由贸易的解释性和纲领性的理论,将继续受到不可信且无根据的偏见的影响。

第二个要抛弃的假设,涉及经济决策的政治环境。传统思路的假设中,这一条对我们关于经济多元性的论证最为重要,因此也影响了我们对经济现实的理解:我们设想了政治制度对经济多元性的影响。由于市场经济不存在唯一的自然形式,也由于市场经济无法决定其自身的制度和意识形态前提,因此,无论某个具体国家还是整个世界,都无法摆脱政治选择,即使在市场的组织和矫正方面也不行。

但是,哪一个主体才能超脱某个社会派系或阶层的私利而表达集体利益?谁能做出政治选择,而不利用国家权力推行派系和阶层私利,从而避免为虎作伥?如果说上述问题无解,那么,我们不是将社会的未来交给市场的力量(正如我们迷信的错觉),而是将其拱手交给偶然建立的某种市场秩序形式的主导利益。如果将上述问题的解决寄望于开明专制,或指望专制官僚体系能够超脱具体的竞争利益,那么,未来社会将受制于潜在救世主的野心和偏见。这种做法是用集体发现向当权的教条献祭。在既有的民主政治形式中,例如在北大西洋富裕国家当前建立的各种代议制民主中,要想寻找上述问题的答案,那么,就犯了与市场传统思路一样的错误,因其未能认识到那些不完备的政治架构存在偶然性,而其制度形式存在缺陷。由于这些制度形式一直借助政治限制社会转型,也使变革一直面临危机,因此,这些制度形式也允许社会和经济中的部分利益凌驾于其他利益之上。

在经济政策及其他任何领域中,应该代表谁的政治利益?对于这个问题,可行的答案只有一个:深化民主。这需要建立融合代议制和直接民主特定的制度,从而促进公众有自组织的政治参与;促进政府及政策僵局的快速解决;对于固化社会排斥及劣势地位的某些具体政策和组织架构,建立机制进行破除和重组;强化个人的教育和经济禀赋,促进其能力持续发展,避免这些禀赋被某些岗位垄断;允许社会通过尝试与其演化主流不同的方式,尤其是在个别部门和地区,从而多一些选择和退路;以及,在上述所有方案中,改革应尽量不引发灾难,过去的经验不能束缚未来。

对于继续束缚当代社会的制度安排,只有革新其狭隘的范畴,才能大力推行上述民主实验的原则。这种做法的诸多优势之一在于,它使我们不必屈从于无法公平对待不同经济活动的政策。由此,我们能够实际回答下述问题:尽管这些不公平的政策在理论上可能成立,但在实践中往往引致腐败。这些政策允许私利篡夺公权。

当前的市场秩序,自以为是永动机,不需要重新构想或塑造,只需要局部的修正和补偿。对此,另一种秩序是,重新构想和塑造的民主。在这个意义上,某些经济学的理论迷思只有实践的解决方案。而这些解决方案不是经济的,而是政治的。

第三个要抛弃的假设,涉及劳动分工的性质和优势。在给定的或构建的比较优势基础上,国际自由贸易无非是劳动分工的一个特例。亚当·斯密的图钉工厂采用等级森严的专业分工体系,而且根据卡尔·马克思的理论,强制榨取剩余价值仍是这种工厂实际发展的必备条件。这样的工厂图景,依然在塑造我们的经济学理论。而这些理论则悄悄渗透进了自由贸易和保护主义理论的方方面面。

但是,这些理论无助于我们理解当前的情况。致富的道路不再是图钉工厂,而是永不停歇的创新;不是强制榨取剩余价值,而是在社会和经济生活中推行革命性的创新友好型的合作方式。未来应将重复劳动内化为机器的程式,从而将我们最重要的资源和时间节省来从事我们尚无法重复的工作。在以斯密图钉工厂为例的生产专业化分工历史中,其主流不过是早先的支路。就国际劳动分工而言,我们的理论必须反映我们对广义劳动分工的认识。

第四个需要抛弃的假设,涉及以下二者的关系:基于我们习以为常的市场及劳动分工组织架构,某一静态时点上的资源有效配置;持续实验新的制度和政策的能力,及其在当前政策和制度下的新的处理方式。我们所熟悉的静态与动态效率的对立,无法完全体现上述问题的范围和深度。关键是,市场经济和劳动分工的某些组织形式,无意义也无道理地限制了卡尔·马克思所谓的社会生产力的发展,而我们应避免受制于这些组织形式。我们的目标是避免陷入宿命论的假定——马克思的理论中关于生产力和经济制度的关系部分也受此戕害。这种假定预设了一系列生产方式,每种生产方式配以看不见的制度体系,而可变的转型定律推动这所有生产方式依次发展。我们的目标是,形成创新的能力,对市场经济和劳动分工本身进行革新,同时不必也不会导致危机。

关于市场基础上的国内和国际交换体系，我们的理论必须在两个层面上成立。在一个层面——经济学分析的传统领域，我们只考虑商品和服务的自由贸易，以及生产、人员、思想与货物的整合。在另一个层面——不那么迷信的思路必须转向的领域，对于制度安排的框架以及我们贸易和整合的前提，我们有自由进行一点点一步步的修正。第一个层面的逻辑，需要第二个层面的思想来支撑。

无论对于一个国家还是整个世界，如果一种制度安排在第一个层面看似完全实现了自由交换，那么，当我们在第二个层面对其进行反思时，这种制度安排就显得难以承受也毫无必要了。当前制度路线就是这样——这一路线致力于将选择性的、不公平的、反实验的自由贸易作为世界经济的标杆。当前在世界最成功经济体中建立的市场经济制度亦复如是——除了最纯粹也是最空洞的经济学分析范式，其余范式无一不将这种制度奉为有效资源配置中不可或缺的制度工具。在这两个层面上最大程度同时思考，有可能颠覆我们对于市场经济既有组织架构以及当前全球化进程的态度。

我们之前教条式地相信，实行自由贸易的世界市场，必将限制我们的分散化差异化的实验。这种想法难以自洽，不攻自破。仅在生产方面开展实验是不够的；无论是全局还是局部的实验，我们还要对实验的形式进行实验。否则，我们就背叛了经济分散化优于经济集权的现实原因。

第五个要抛弃的假设，涉及效率与多元性的关系。针对生产和交换问题，传统经济学的主流思想，聚焦于最高效解决方式的选择机制。这种思想理所当然地认为，上述效率选择机制中的物质具有多元性，包括从不同的商品服务到不同的技术、实践、制度安排以及思想。承袭而来的市场制度框架，虽然偶有调整，仍被当作保证了经济活动的必要财富。

但是，我们不能将多元性的创生当作理所当然的。这其中至少有一半要归功于经济进步。这是一个任务，而不是给定的条件。在经济发展中，有必要激发建设性的创业热潮，从而抵消相对落后造成的限制和不足，进而用创业活动的成果应对残酷的竞争。因此，更广义地，面对经济体内的每一次转折，关键是要问清何者被淘汰，何者更多元：务必同时满足高效和多元性。

这一看似无伤大雅的提议，要求我们反思我们最为珍视的许多经济学假设，包括我们对于国际贸易优劣的假设，以及关于开放型世界经济理想建设路线的假设。这强调了我们为何需要不同的产权与合同体系，强调了我们为何需要政府与私人企业的不同关系在同一个市场经济中共存。这一提议还揭示了人类社会政治分野下的不同经济价值，这正是国际贸易的前提，同时，贸易理论以及整个经济学竟对此不置一词。

当我们抽象地提出上述思考时，看似惹人生厌，但是，只有当我们改变了对世界贸易的思考及组织方式，我们才能认真思考上述问题。

在重新构想自由贸易时，修正我们的自由贸易理论前提的同时，必须拓宽这些理论的范畴。由于 20 世纪灾难性的意识形态投机活动，要想超越自由贸易与保护主义的传统论争，下列因素至关重要：制度差异的价值；制度创新的要求；至于那些仍然操控现代社会的有限制度安排，我们对其进行革新和扩充的本质。

此处，我们触及了经济学理论以及相关社会科学的本质、局限以及沿革历程。从 19 世纪晚期边际革命兴起开始，经济学的主流不涉及因果研究与规范研究的争论。在这一有条理而严苛的思想体系中，因果性断言与规范性假设必须外生于分析方法，从而形成了边界性条件，或形成了经济学分析必然成立的推测。

结果是，这一思想方式的解释力和论证力，完全取决于其自身无法推导也无法证明的理论。这样的思想必须借用这些理论，正如传统的自由贸易学说借用了被证伪的劳动分工理论。无涉因果性及规范性,导致了思想空洞化的风险。即使在纯数学上,就康德的综合演绎法(synthetic a priori)而言,这一思想也无力构建一种既有条理又出人意料的关系。这种分析范式中,人们不能通过理解不同政策和环境压力下现实的变化倾向从而理解现实情况。因此,这种分析范式将永远只是关于限制和权衡(trade-off)的晦暗规则。

我们提出的另一种理论范式,并不是解构严密的理论分析,不是对其他社会科学所有主题不着边际的探索。我们是将经济学拉回正途——自从在因果性和规范性的争议中保持中立,经济学就偏离了正途:重新找到并再次走上从斯密到马克思的研究路径。在早前的思路中,经济学已经提出并论证了一系列复杂的因果理论以及社会理想,已经尝试建立物质生产、社会结构与思维力量之间的关系。

我们不能再继续使用边际革命前经济理论的前提假定。这些假定所包含的早期形式的迷信,仍然威胁着我们的理论:极度低估我们生产力发展制度路径的多元性;对实验主义和民主充满敌意,从而夸大等级和专业化分工的必要性;宁愿将裁决权交给历史,也不将其掌握在我们自己手中。但是,如果我们的体系比上述假设更缺乏包容性和抱负,那么,我们将走进死胡同。

我们的解决方案,绝不能与他们雷同,但在精神上与他们具有至少一个共性。我们的方案应拒绝在因果性和规范性的争论中独善其身,但同时也应避免失去其社会科学的具体性及政治论点的普遍性。关于不同的生产交换方式及其不同的组织形式,应针对二者的关系寻求解释性的论断与规范性的思想。我们的解决方案应将自然转变与社会转型联系起来,将物质创造与人员组织联系起来。社会科学研究与自然科学研究一样,要想理解一个现象或澄清一个事实,就要弄清其在不用干扰及压力条件下的变化趋势。既然如此,我们的方案就应该在各种可能性下反映现实。

所谓可能性，不是关于狭义可能性的理性主义理论，不是市场经济的可能形式，不是基于稀缺性的生产交换的可能形式，也不是专业化分工以及国际贸易的可能形式。所谓可能性，是关于切近可能性的纲领性理论：我们可以采取的下一步行动，从这里出发，我们可以到达的那里。

这些关于方法的描述，看起来可能太过抽象以致无用，但是，本书的理论为这些描述提供了应用性的实例。

关于自由贸易，我们应该如何想以及如何做，远远不是当前人类面临的最大问题。但是，没有哪个当代问题同时具有如此重大的理论意义和实践紧迫性。事实上，自由贸易支持了当前世界上最具影响力的两个动向：面向市场的转型以及全球化的推进。作为一个理论，自由贸易认为，我们应该为上述两个动向的机制感到欣喜，同时也应将成功寄望于斯。

我们有理由反对国际贸易的既有做法，除非我们完成对市场经济和全球化的重塑。我们不是反对自由交换与自由劳动的思想，而是反对为了开放型的世界经济就过度推进自由交换和自由劳动。我们需要重新构想劳动世界贸易理论的改革，直到我们能用新的眼光审视国内及国际经济中限制与可能性的关系，直到我们将曾误以为是宿命的安排重新当作一个转型的机会。我们不会用自由贸易来绑架人类社会。

名称索引

（索引中的页码为英文原书页码）

"American System"，"美国体制"，17

Anglo-French trade treaty of 1861，1861年英法贸易协定，16

Australian argument，澳洲理论，11

Brazil，巴西，73

Bridgen, James Bristock，詹姆斯·布利斯多克·布莱金，11

Carey, Henry，亨利·嘉里，17，22

China，中国，20，72，99；agriculture，农业，133；capital flows，资本流动，133；dictatorship and inequality，不均等性与专制，133-134；relative advantage，相对优势，130-134；shields over heresy，不当保护，133；wage repression，工资抑制，132-133

Debreu, Gerard，杰拉德·德布鲁，61

Denmark，丹麦，73

England，英国，Portugal，葡萄牙 See Portugal, England 见"葡萄牙"词条下"英国"

English political economists，英国政治经济学家，17，57，59，63，71

Ford, Henry，亨利·福特，5，95，99，104

Friedman, Milton，到弥尔顿·弗里德曼，61

General Agreement on Tariffs and Trade (GATT)，关贸总协定（GATT），181

German institutional economics，德国制

度经济学，4，125

Germany，德国，22，73，99

Graham, Frank，弗兰克·格拉哈姆，11

Gromov, Mikhail，米哈伊尔·格罗莫夫，54

Heckscher – Ohlin model，亥克歇尔—俄林模型，28 – 29，33 – 34，55，65 – 67，71 – 72

India，印度，72，73，99，123，171，202

Japan，日本，19，73，99

Jevons, William，威廉·杰文斯，3，56 – 57，59

Keynes, John Maynard，约翰·梅纳德·凯恩斯，22

Keynesianism，凯恩斯主义，64，73，159

Korea，韩国，84

Lange, Oskar，奥斯卡·朗吉，62

Latin America，拉丁美洲，17，20，84

Leontief paradox，莱昂惕夫悖论，35 – 36

List, Friedrich，弗里德里西·李斯特，22

Manoïlescu, Mihail，米哈伊尔·马诺伊勒斯库，11，13

Marshall, Alfred，阿尔弗雷德·马歇尔，1

Marx, Karl，卡尔·马克思，57 – 59，63，71，121，140，216

Marxism，马克思主义，57 – 59，73；causation，因果关系，59；surplus value，剩余价值率，73，96，216

Menger, Karl，卡尔·芒格，3，56 – 57，59

Mexico，墨西哥，72，75，203

Mill, John Stuart，约翰·斯图亚特·米尔，12

Mises, Ludwig von，路德维希·冯·米塞斯，61

Mittag – Leffler, Gösta，哥斯塔·米塔格 – 莱弗勒，54

"New Methods of Celestial Mechanics"（Poincaré），"天体力学的新方法"（庞加莱），54

Newton, Isaac，艾萨克·牛顿，52 – 53；celestial mechanics，天体力学，53 – 55，56

North Atlantic world，北大西洋地区，

16 - 17, 57 - 58, 63, 68 - 69, 86, 156, 174, 186; democratic politics, 民主政治, 214 - 215; intellectual property, 知识产权, 187 - 188; production, 生产, 99, 115; protectionism, 保护主义, 16

northeast Asian "tiger" economies, 东北亚"四小虎"经济体, 84, 145 - 146, 148

Ottoman Empire, 奥斯曼帝国, 17

Pareto improvement, 帕累托改进, 14, 20, 27, 29, 48

Poincaré, Henri, 亨利·庞加莱, 52 - 53, 56; "New Methods of Celestial Mechanics", "天体力学的新方法", 54

Popper, Karl, 卡尔·波普尔, 189

Portugal, 葡萄牙, England, 英国, 26 - 27, 53 - 54, 55, 71. See also under Ricardo, David 参阅"大卫·李嘉图"词条

Ricardo, David, 大卫·李嘉图, 7, 23 - 24, 25, 53 - 56, 57, 65; thought experiment, 思维实验, 26 - 30, 50

Russia, 俄罗斯, 99

Rybczynski theorem, 雷布钦斯基定理, 66 - 67

Schumpeter, Joseph, 约瑟夫·熊彼特, 52

Smith, Adam, 亚当·斯密, 26, 32 - 33, 57, 65; pin factory model, 图钉工厂, 5, 69, 71, 95 - 100, 104, 123 - 124, 129, 215 - 216

South Africa, 南非, 73

Stolper - Samuelson theorem, 司多普 - 萨缪尔森定理, 11 - 12, 33

Taiwan, 台湾, 84

Torrens, Robert, 罗伯特·托伦斯, 11

Underwood Tariff of 1913, 1913年安德伍德关税, 17

United Kingdom, 英国, 73

United States, 联合国, 16, 40, 73, 99, 189

Walras, Léon, 莱昂·瓦尔拉斯, 3, 56 - 57, 59

Whitehead, Alfred North, 阿尔弗雷德·诺斯·怀特海德, 112

World Trade Organization, 世界贸易组织, 169, 181

主题索引

（索引中的页码为英文原书页码）

advantage，优势，comparative，比较，5，65 – 76；absolute，绝对，7，26，32 – 33；assignment of，安排，8；collectivity，整体性，15；constructive versus established，给定的与构建的，14 – 15，37；distributive effects，分布效应，11 – 12；efficiency，效率，48；governmental initiative，政府干预，9，15；Heckscher – Ohlin model，亥克歇尔 – 俄林模型，33 – 34；indeterminacy，不确定性，28 – 36；labor rewards，劳动力报酬，171 – 172；made versus given，构建的与给定的，1，8，14 – 15，21，37，45，48，49，111，120，136，160；market activity，市场活动，9；market imperfections，市场不完美性，9 – 10；mathematics，数学，55 – 56；natural versus acquired，自然的与习得的，36 – 38，42 – 44；private enterprise，私营企业，9；productive specialization，专业化生产，21，27，28 – 31；reassessment，重新评估，25 – 28，43 – 44；returns to scale，规模报酬，121 – 122；Ricardo，李嘉图，7，23 – 24，25，50，53 – 56，57，65；static efficiency，静态效率，30，36，42，44，126；trade flows，贸易流，35 – 36；trade gains，贸易利得，1

advantage，优势，relative，相对的，thesis of：命题：benchmarking，设立基准，111 – 113；competition，竞争，112 – 113，134 – 138；development and productivity levels，发展与生产力水平，110 – 114，125 – 127；exceptionality，例外，121 –

124; globalization, 全球化, 116 - 117; infant - industry argument, 早期工业理论, 117 - 119; labor costs, 劳动力成本, 115; multinational firms, 跨国公司, 114, 116 - 117; national economies versus specific businesses, 国民经济与具体产业, 134 - 138; objections to, 反对, 119 - 134; returns to scale, 规模报酬, 121 - 126; selective protection, 选择性保护, 115, 116 - 117, 149 - 150; striking distance, 显著差距, 19 - 121, 114 - 116, 163 - 164; twin evils of favoritism and dogmatism, 厚此薄彼与教条主义的双重恶果, 139 - 150

agriculture, 农业, 11, 133, 140; selective restraints, 选择性限制, 181

autarky, 自给自足, 66 - 67, 69 - 70

authoritarianism, 威权主义, 84 - 85

benchmarking, 设立基准, 12, 111 - 113, 116

bureaucracy: 官僚主义: favouritism, 厚此薄彼, 139, 145 - 146, 214; trade policy, 贸易政策, 84, 148, 204. See also twin evils argument 参阅"双重恶果理论"词条

capital flows, 资本流动, 66, 74, 133, 169 - 171, 194; absolute advantage, 绝对优势, 33; diversity, 多样性, 50; growth strategy, 增长策略, 120, 197; labor, 劳动力, 66 - 67, 74

capitalism, 资本主义, 57 - 58; labor, 劳动力, 173 - 177; politics, 政治, 74; property rights, 产权, 173 - 179

cause and effect 因果关系, time, 时间, 52 - 53

chaos theory, 混沌理论, 54

collective action, 集体行动, 10 - 11, 13

collective learning, 集体学习, 78 - 81, 97

comparative advantage. 比较优势. See advantage, comparative 见"优势"词条下"比较"

compensation for loss from free trade, 针对自由贸易所造成损失的补偿, 126 - 127, 163, 195, 210

contract and property rights, 合同与产权, 103, 137, 143, 187; alternative regimes, 替代机制, coexistence of, 共存, 38 - 44, 47 - 51, 62 - 63, 103, 107, 143, 186, 218; innovation, 创新, 204; institutional convergence，制度收敛，88；redistribution，在分配，176

cooperation：合作：economic growth，经济增长，155 – 156；innovation，创新，98 – 100，104 – 105，119 – 120，128 – 130，142 – 143；markets，市场，1. See also under labor 参阅"劳动力"词条

democracy，民主，147 – 149；bureaucracy，官僚主义，145；deepening/radicalization of，深化/激进化，42，82，139，147 – 149，164，184 – 185，215；experimentalism，实验主义，42 – 44，85；forms of，形式，42，62，68，84 – 86，91 – 92；high – energy，高能，85，147 – 148

development，发展，economic，经济，15 – 20；collective learning，集体学习，78 – 81；foreign capital，外国资本，19；free trade doctrine 自由贸易学说，16 – 20；generic capabilities，通用能力，119 – 120；human capital development，人力资本开发，127 – 128；innovation – friendly cooperation，创新友好型合作，127 – 128；plasticity，可塑性，127 – 130；productive activities，生产活动，129 – 130；shields over heresy，不当保护，120，123；social requirements of，社会要求，155 – 156；strategies for，战略，6，15，19 – 20；trading partners，贸易伙伴，levels of，水平，79 – 81

difference versus efficiency，差异与效率，107 – 109，126，218 – 219

distributive effects，分布效应，11 – 13，33，92. See also redistributive tax – and – transfer 参阅"再分配的税收与转移支付"词条

economics，经济学，57 – 59，64；classical economists，古典主义经济学家，57；decision – making，决策，politics，政治，214；equivocation strategy，模糊战略，63 – 64；eternal infancy of，永远长不大，56 – 65；failure of economists to cast down their shields，经济学家无法放弃阵地，65；future of，未来，219 – 221；mathematics，数学，51 – 54，219；"new institutional"，"新制度"，4；politics，政治，81 – 87；present methods，当前的方法，inadequacy of，不足，3 – 4；pretension strategy，伪装策略，61 – 63，64；purism strategy，纯粹策

略，61，64；socialism，社会主义，62. See also specific schools and economists 参阅具体的流派和经济学家相关词条

efficiency versus difference，效率与差异，107 - 109，126，218 - 219

environmental standards，环境标准，209 - 212，equivocation strategy（as method of economics），（作为一种经济学方法的）模糊策略，63，64

experimentalism，实验主义，84 - 85，187；bureaucracy，官僚主义，146；democracy，民主，42 - 44，85，215；market economies，市场经济，69；radicalization of，激进化，147 - 150，192；world trading system，世界贸易体系，25

factor composition，要素组合，production，生产，34 - 35

factor - price equalization，要素价格均一化，66 - 67

free trade doctrine：自由贸易学说：authority of，权威，1 - 2，20 - 24；competition，竞争，78 - 81；cosmopolitanism，世界主义，22；distributive effects，分布效应，11 - 13；economic growth，经济增长，16 - 20；globalization，全球化，1 - 2；governmental power，政府权力，private interests，私人利益，22 - 23；intellectual life，学术生涯，21 - 22；low - productivity traps，低生产率陷阱，12；nationalism，民粹主义，23 - 24；objections and complications of，反对与复杂性，8 - 10；practical significance of，实践意义，1 - 2，15；private interests，私人利益，22 - 23；purity，纯粹性，sterility，贫乏，21；realizations of，实现，13 - 14；resource allocation，资源配置，20 - 21；selective policies，选择性政策，83 - 84；static efficiency，静态效率，9；as theoretical concern，理论角度，1 - 2，15；third world，第三世界，17；traditional objections，传统反对意见，10 - 15. See also specific elements and issues 参阅具体要素与议题词条

general equilibrium theory，一般均衡理论，3，39 - 40，55，57，61

globalization，全球化，1 - 3，5 - 6，16；forms of，形式，134，167 - 179；free trade，自由贸易，6，94 - 95，164，167，221；innovation，创新，116；political divisions，政治分割，49；relative advantage，

相对优势，116－117. See also world trade regime, organization of 参阅"世界贸易体系"下"组织"词条

gold standard，金本位，functional equivalent of，功能等价物，50，157－161，165，216

governmental power，政府权力，private interests，私人利益，22－23. See also twin evils argument 参阅"双重恶果"词条

heresy：不当：China，中国，133；development strategies，发展策略，120，123－124，133－134，158－160，171，197，204；local and universal，本地与普世，165，183－185，193－194；national resources，国家资源，158－160，165；shields over，庇护，120，123，171，204

"increasing returns argument"，"报酬递增理论"11

industrial policy，产业政策，conventionally understood and reinvented，传统解读与再创造，84，136－136，148，204

"infant-industry" argument，"早期工业"理论，135；relative advantage，相对优势，117－119

innovation，创新，3；contract and property rights，合同与产权，204；cooperation，合作，98－100，104－105，119－120，128－130，142－143，192，205；economic development，经济发展，3，96－100，127－128；globalization，全球化，116；market economies，市场经济，5，38，40，43，186－188，192－193；self-revision thesis，自我修正推论，151，154－156；social inclusiveness，社会融合，184. See also cooperation 参阅"合作"词条

institutional convergence：制度收敛：gold standard，金本位，160；"new institutional" economics，"新制度"经济学，4；trade policy，贸易政策，88，152－154

institutional divergence，制度发散，88，163，180

institutional fetishism，制度拜物教，154－155，159－161

institutional plurality，制度多元性，68－69；market economies，市场经济，63－64；production，生产，39

"integrated world equilibrium"（IWE），"一体化世界均衡"（IWE），48

intellectual property，知识产权，99，

161, 187 – 188, 206 – 208

labor, 劳动力, 71 – 72, 97 – 99, 161; advanced sectors, 先进部门, 99 – 100; capital ownership, 资本所有权, 173 – 177; China, 中国, 123; cooperation, 合作, 69; economic and educational opportunity, 经济与教育机会, 204 – 205; economic development, 经济发展, 75 – 76; factory of innovation, 创新工厂, 105; forms of, 形式, 173 – 175, 198; forms of association, 联合的形式, 201 – 203; hierarchical discontinuities, 等级断层, 98; India, 印度, 123; as machine, 作为机器, 97; mobility of, 流动, 45 – 46, 69 – 70, 162 – 163, 169 – 171, 194 – 198; private property, 私有财产, 176 – 79; productivity of, 生产率, 70 – 72, 203, 216 – 217; relative advantage, 相对优势, 115; repeatable activities, 重复劳动, 103; returns to, 报酬, 72 – 74, 122 – 124, 171 – 179, 200; fights of, 抗争, 172 – 179; slavery, 工资, 173 – 175, 179; standards definition for, 标准定义, 199 – 202; status of, 状况, 173 – 179; surplus value, 剩余价值, 73, 96, 216; "technical" division of, "技术性分工", 95 – 100; wages to value – added proportion, 工资与工业附加值的比值, 73 – 74; workplace organization, 工作组织, 104

labor, 劳动, division of, 分工, 1 – 4, 5, 95 – 100, 215 – 216; competition, 竞争, 78 – 81; economic development, 经济发展, 5; factor composition, 要素组合, 34 – 35; innovation, 创新, 95 – 100; marginalism, 边际主义, 57; market allocation, 市场配置, 21; market orientation, 市场导向, 151; Mexico, 墨西哥, 72; mind, 思维, 103 – 109, 161; Pareto improvement, 帕累托改进, 20; pin factory model, 图钉工厂模型, 69 – 70, 95; productive specializations, 专业化生产, 8, 67

labor standards, 劳动力标准, 172

macroeconomics, 宏观经济学, 64

marginalism, 边际主义, 3, 219; causation, 因果关系, 59 – 60, 65; economic theory, 经济学理论, 21; equilibrium analysis, 均衡分析, 39; method, 方法, 56 – 65; trade,

贸易，57；utility concept，效用概念，62

market economies，市场经济，1-2，5，85-86，181，217；alternatives to，替代项，183-185；capital movement，资本流动，169-171；contract and property rights，合同与产权，38-39，88，103，137，143，187-188，204；environmental standards，环境标准，209-212；equality，平等，38；experimentalism，实验主义，25；forms of，形式，169，185-193；freedom，自由，6，169-171；free trade，自由贸易，168-169；inclusiveness and pluralism，包容性与多元性，43；institutional content of，制度内涵，143-144，154-155，190-193；institutional indeterminacy and diversity of，制度不确定性与多样性，5，15，31-35，91-94，106-109，213-214；intellectual property，知识产权，99，161，187-188，

market economies（cont.）市场经济（续）

206-208；labor productivity，劳动生产率，70-71；"market failure"，"市场失灵"，9，12，83，93，154，159，190-191；opportunity，机会，3；opting out of，退出，181-183；organization of，组织，118-119；as perpetual-motion machines，作为永动机，14，21，142，215，218；pluralism，多元性，180；principles of，原则，167-179；reformation of，革新，6；reform of，改革，179-185；resources and opportunities of，资源与机会，38；self-revision，自我修正，156-163；subsidies，补贴，185-190；twin evils，双重恶果，favoritism and dogmatism，厚此薄彼与教条主义，144-145. See also globalization 参阅"全球化"词条

mind：思维：aspects of，方面，101-102；context transcendence，情境超脱，103；politics，政治，102

"monopoly power in trade" argument，"贸易中的垄断势力"理论，9

moral specialization，道德分异，47，162，196-198

multinational firms，跨国企业，114，116-117，120，122-123

nationalism，民粹主义，196-198；diversity in economics，经济学的多样性，34，65-66

opportunity：机会：costs of，成本，7，26 - 27；education，教育，132，159，204 - 205；market economies，市场经济，3，38 - 41，186；production，生产，38 - 39

political divisions，政治分割，44 - 51；diversity，多样性，46 - 51；economic value of，经济价值，47，49；efficiency，效率，48；labor mobility，劳动力流动，45 - 46，49 - 50；moral specialization，道德分异，47

pretension strategy（as method of economics），（作为一种经济学方法的）伪装策略，61 - 62，64，191

production，生产，114，138；advanced sectors of，先进部门，71 - 72，99 - 100，205 - 206；as collective learning and permanent innovation，作为集体学习和永久创新，97 - 99；factor composition，要素组合，34 - 35，65 - 66，90；input costs，投入成本，31；institutional plurality，制度多元性，39 - 41，43 - 44；mobility，流动，33 - 34；opportunity，机会，38 - 40；resource allocation，资源配置，14，20 - 21，83，216 - 217；saving levels，储蓄水平，157 - 161；technology，技术，29，35 - 36，69 - 70；trade policies，贸易政策，10

production lines，生产线，specialization of，专业化，7 - 10，21，26 - 31，35 - 38；adaptability，适应性，80；collective learning，集体学习，81；contingent event sequences，偶然事件序列，122 - 124；development levels，发展水平，78 - 81；efficiency，效率，78；free trade theory，自由贸易理论，1；input costs，投入成本，31；organization of，组织，28 - 31；unique efficiency，独一无二的效率，8

productivity：生产率：enhancement of，强化，203 - 212；environmental standards，环境标准，209 - 211；relative advantage，相对优势，110 - 111；total factor，全要素，72 - 76，90，116，122，202 - 206；traps，陷阱，12 - 13，215. See also production 参阅"生产"词条；under labor programmatic arguments，程式化劳动力理论，167

protectionism，保护主义，2；Anglo - French trade treaty of 1861，1861 年英法贸易协定，16；historical debates concerning，历史争论，7 - 13；history，历史，15 - 20；North

Atlantic world，北大西洋地区，16－17；rent－seeking behaviour，寻租行为，23；strategic trade theory，策略性贸易理论，141；United States，美国，16－17

public administration，公共管理，organization of，组织，81－83；"hardness"，"难度"，84－85；high－energy democracies，高能民主，85；institutional possibilities，制度可能性，85－86

purism strategy (as method of economics)，（作为一种经济学方法的）纯粹化策略，61，63，64

qualitative embeddedness and industrial policy，质量上的嵌入与产业政策，136

quantitative rarefaction and industrial policy，数量上的稀缺与产业政策，135－136

redistributive tax-and-transfer，再分配的税收与转移支付，93，100，138，158. See also taxation 参阅"税收"词条

saving levels，储蓄水平，96，165，216；production，生产，157－161；"saving transitions"，"储蓄转型"，159. See also gold standard, functional equivalent of 参阅"金本位"词条下"功能等价物"

scale，规模，returns to，报酬，11，36－37，67－70，121－126；comparative advantage，比较优势，67－68，121－122；trade losses，贸易损失，29

self－revision：自我修正：institutional convergence，制度收敛，152－153；thesis of，推论，150－165；trading regimes，贸易体系，152－155，217；world trading system reform，世界贸易体系改革，156－163

shields over heresy. 不当保护. See heresy slavery，参阅"奴隶制邪说"，173－175，179，198，199－200

social experience，社会经历，path dependency of，路径依赖，41－42

social facts，社会现实，120－121

society and culture，社会与文化，denaturalization of，去自然化，102

specialization，专业化，international，国际，7－8，14，20－21，26－28，38，122，216，220；comparative advantage，比较优势，28－36

striking distance between economies，经济体间的显著差异，114－116，119－121，163－164

subsidies，补贴，161－162，169，188－190；factional interests，派系利益，85－84；innovation，创新，208

surplus value，剩余价值，73，96，216

taxation，税收，93，100，138，144，158－159，204

technology：技术：cooperation，合作，128；labor productivity，劳动生产率，69－70，104－105，122；production，生产，35－36

"terms of trade" argument，"贸易条件"理论，11

theses about free trade，有关自由贸易的推论，5－6；relations among，彼此关系，163－165

three－body problem，三体问题，53－54，56

time，时间，causation，因果关系，52－53

trade policy：贸易政策：historical lessons of，历史教训，18－20，45－46；innovation，创新，151；institutional convergence，制度收敛，88，152－154；Pareto improvement，帕累托改进，14，20，27，29，48；politics，政治，87；selectivity，选择性，141；self－transformation，自我变革，87－90；strategic trade theory，策略性贸易理论，10，141；trading partners，贸易伙伴，10

trade restraints，贸易壁垒，3，86－87；economic growth，经济增长，17－18，113；political and economic life，政治生活与经济生活，150；political circumstances，政治环境，6；relative advantage，相对优势，115－116，138－140；special instances，特例，10－11；twin evils of favoritism and dogmatism，厚此薄彼与教条主义的双重恶果，82－83；twin evils argument，双重恶果理论，81－87，139－150，163－164，214－215；bureaucracy，官僚主义，145－146；democracy，民主，147－148；institutional content of，制度内涵，142；institutional forms，制度形式，143－144

uncertainty principle，不确定性原则，54

"wage differential argument"，"差异化工资理论"，11

world trade regime，世界贸易体系，organization of，组织，75－76，165，167－179，204，221